優渥叢書

用3小時學會
量價操作法
讓我股票賺3倍！

200 張 K 線圖看透主力和法人，
在低價買進的軌跡！

100 億資金經理人 楊金◎著

CONTENTS

第 **4** 章 跟著主力，進行低買高賣的「波段獲利法」！

第 **5** 章 我用日 K 線與成交量，預測「上漲股」！

CONTENTS

第6章 我用日 K 線與成交量，預測「暴跌股」！

第 7 章　我用分時圖，抓到個股「最佳買賣點」！

第8章 一出手賺3倍！13支黑馬股實戰案例

前言
3小時學會量價操作，
讓你投資勝率提高90%！

　　技術分析有4大要素——價、量、時、空。價指「股價走勢」；量指「成交量」；時、空，指「時間與空間」。在結合時間與空間的基礎上，股價走勢與成交量是核心要素，而量價操作技術將這 4 種要素全納入其中，為我們指出了技術分析的正確方向。

　　很多投資人往往擅於分析 K 線形態，熟悉很多頂部形態、底部形態，如雙重頂、頭肩頂、雙重底、頭肩底、圓弧底等，但是在實戰運用中，往往會遇到以下情形。

1. 標準的 K 線組合形態很少見。
2. 相同的 K 線組合形態，會演變出完全不同的後期走向。

　　可以說，僅從 K 線形態著手，我們只能「得其表像，不得其寓意」，最後的交易成功率也不高。然而，這只是我們對於技術分析片面解讀的結果。**在技術分析要素中，「價」與「量」是不可分割的一個整體，股價走勢是外在表現，成交量則是內在驅動力**，以有當驅動力與股價走勢正確匹配時，我們才能準確預測股價中短線的運行方向。

　　量價的重要性，投資人或早已熟知。但如何正確地學習量價知識、如何運用好量價知識、如何從 A 股實際運行中總結出具體又有效的量價形態，都是決定我們交易是否成功的重要因素。

　　量價操作的實質是動力與方向的分析，美國著名的投資專家葛蘭碧（Joe Granville）曾經說過：「成交量是股票的動力，而股價只是成交量的反映罷了，成交量的變化是股價變化的前兆。」因此成交量是動力，股價走勢是方向。若股價在上升，成交量也在放大，表示上漲勢頭仍在延續；若股價在上升，但成交量卻在縮小，這意

味著升勢已到了盡頭，是大勢反轉的前兆；若股價下跌，而成交量卻大增，顯示跌勢初起；如股價續跌，但成交量越來越小，反映跌勢已差不多了，這是大勢反彈的訊號。

　　理解量價操作的原理並不難，但是想要掌握量價分析技術，卻需要下一番功夫。我們既得具備關於量價的相關知識，也要瞭解主力風格及路線，還要結合大盤運行、個股特點、趨勢方向來綜合分析。

　　其中，最為核心的分析點則是具體的量價形態，**每一種量價形態都處於特定的運行階段，展現了特定的市場含義**。在全面理解量價操作的原理之後，我們就可以解讀這些具體的量價形態，以此來掌握個股運行特點，進而預測股價走向了。

第 **1** 章
想學會量價操作法，
你必須懂的基礎知識

1.1

量價圖有兩種——
K線圖與分時圖

「量、價、時、空」是技術分析的 4 大要素。「量」是指成交量，「價」則是由 K 線圖來表示，利用量與價的配合，再結合時間與空間兩個維度，我們就可以展開技術分析了，由此也展現了量、價的不可分離性。**量價圖主要有兩種，一種是以一個交易日為時間單位的「日 K 線圖」，另一種是表現盤中即時成交情況的「分時圖」。**在本節中，我們先結合案例，來認識一下兩種量價圖。

💲 1.1.1 什麼是 K 線

K 線也常被稱為蠟燭線、棒線、酒井線等，它起源於 300 多年前的日本，起初是用於記錄米價漲跌情況的一種工具，因其直觀、立體，並且具有東方人擅長的形象思維特點，後來被應用到金融市場中，是投資人在證券交易分析中較早接觸的技術工具。

K 線中以「一個交易日」為時間週期的日 K 線最常用，一條 K 線可以大致反映一日的價格波動情況，它包含了 4 個價位，分別是開盤價、收盤價、最高價、最低價。

1. 開盤價：開盤前為集合競價，確定開盤價。
2. 收盤價：該交易日收盤時的價位。
3. 最高價：該交易日盤中所出現的最高成交價。
4. 最低價：該交易日盤中所出現的最低成交價。

圖 1-1 為單條 K 線形態示意圖，單條 K 線可以分為兩種——陽線、陰線。陽線的收盤價在上方，收盤價高於開盤價，代表著股價上漲；陰線的收盤價在下方，收盤

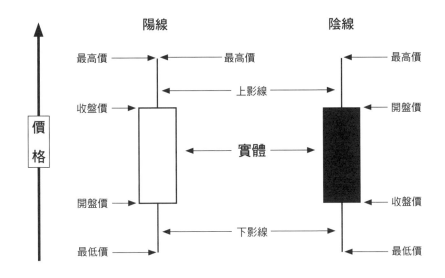

▲圖 1-1　單條 K 線形態示意圖

價低於開盤價，代表著股價下跌。陽線多用紅色表示，陰線多用黑色或綠色表示。

對於 K 線來說，開盤價與收盤價之間的矩形部分被稱為實體，實體上方的線為上影線，實體下方的線為下影線。

一條日 K 線記錄的是在一個交易日內的股票價格變動情況，將每個交易日的 K 線以時間為橫軸、以股票價格為縱軸依次排列在一起，就組成了日 K 線圖，這也是反映股票價格變動情況的圖。

💰 1.1.2　認識成交量

成交量以單邊的方式進行統計，這表示當日成交了 1000 股，即買方買進了 1000 股，同時賣方賣出了 1000 股。

與成交量相關的概念還有成交額。成交額就是某檔股票每筆成交股數，乘以成交價格的金額總和。如果說成交量只是單純表現出這檔股票的交投活躍程度，那麼成交額則代表了這檔股票所涉及的資金量。同樣的成交量，如果股價越高，那買賣這檔股票所需要的資金就越多。成交額常用於大盤分析，它排除了因大盤中的各種股票價格高低不同所形成的干擾，也直接地反映出市場中參與股票買賣的資金量多寡。

1.1.3　量價圖就是 K 線圖

在股票行情軟體中，量價圖也就是常說的日 K 線圖，是我們瞭解大盤、個股運行的視窗，它直接、清晰地呈現出股市及個股的運行情況。股票行情軟體很多，但操作方法基本相同。

圖 1-2 為中國石油日 K 線圖，每一條 K 線都代表著一個交易日的價格波動，下方有相對應的柱形成交量，柱形長短代表成交量的大小。

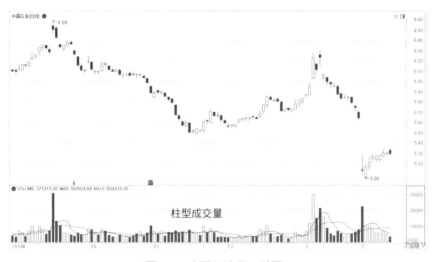

▲圖 1-2　中國石油日 K 線圖

1.1.4　以「分鐘」為週期的分時圖

K 線圖一般以「日」為時間週期，它是我們用於查看股票價格歷史走勢情況的圖。分時圖則以「分鐘」為時間週期，是我們用於查看每個交易日股票盤中價格，即時走勢情況的圖。

圖 1-3 中，左側為該股的即時走勢圖，包括分時線、分時量、均價線，圖中右側顯示該股的掛單情況、成交細節等內容。

1. 分時線是分時圖中最主要的部分。它以分鐘為時間單位，即時地反映出個股的盤中價格波動情況，是我們瞭解個股價格即時變化情況的視窗。分時線呈現了多空

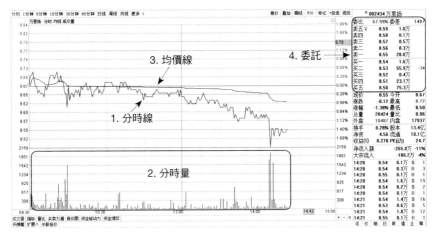

▲圖 1-3　萬里揚 2019 年 12 月 2 日分時圖

力量的即時轉換情況，一些較為特殊的異常分時圖形態，往往是對主力某種特定市場行為的直接表現。此外，分時線的最大作用，是可以揭示個股價格走勢的強弱情況。

2. 分時量位於分時線下方，同樣以「分鐘」為時間單位，它以圖形來表現成交量，每一根柱條的長短，代表了這一分鐘的成交量多少。

3. 均價線呈現了當日入場買股者的平均持有成本。均價線的計算方法為：到目前這一時刻為止的當日總成交金額 ÷ 到目前這一時刻為止的當日總成交股數。透過分時線與均價線的位置關係，我們可以瞭解到當日買賣雙方的力量對比：若分時線穩健地運行於均價線上方，則說明買方力量更強；若分時線持續運行於均價線下方，則說明賣方力量更強。在分時圖中，有的軟體上方會顯示「均線」，有的軟體上方會顯示「均價」，但它們都指均價線。

4. 委託買賣盤視窗呈現了掛單情況。透過它，我們可以瞭解壓在上方的賣單多一些，還是聚在下方的託單更多一些。就一般的情況來說，委賣盤中的壓單多，代表上方壓力較大，是股價上漲較難的展現；聚在下方的買單多，代表承接力量較強，是股價下跌較難的展現。就市場的自然交投情況來說，上方的委賣單與下方的委買單，數量上雖存在差異，但差異一般不會過大。

1.2

 如何看懂成交量的含義？

　　雖然成交量的重要性是毋庸置疑的，但它並未受到所有投資人的關注。其原因在於這些投資人不瞭解其意義，仍舊只將成交量看作是一種交易訊息的回饋。在本節中，我們將結合案例，從多個角度來解讀成交量的深層市場含義，在具體學習量價操作技術之前，希望可以達到引導的作用。

1.2.1　多空的分歧情況

　　很多投資人僅把成交量單純地看作是交易量，但其實，只要我們稍微深入分析，就可以得出這一判斷：**成交量是多空競爭規模、競爭力度的展現**。

　　多空雙方的競爭力度，也代表著雙方分歧的大小。同樣的股價走勢，多空雙方的競爭力度不同，其所蘊含的市場含義不同，預示的後期股價走向自然也不會相同。

　　例如，同樣處於橫向盤整中，成交量放大表示多空分歧加劇，強烈的多空分歧勢必導致股價的方向性選擇儘快出現；而若是縮量情況下的橫向盤整，代表著多空競爭力度較小，這種走勢若無外在因素影響，持續的時間就會更久一些。

　　又如，上漲走勢中未出現放量，說明這種上漲僅是因為大量的持股者暫時穩定，股價在高位區的支撐力度就會弱一些；反之，上漲時有成交量放出，說明買盤入場力度較強，股價的支撐性就會更好一些。經由以上的分析可以看出，**同樣的股價走勢，由於成交量的形態不同，其所蘊含的市場含義也是不同的，其所預示的後期股價走勢往往也不同**。

　　可以看到圖 1-4 在股價的一波上漲走勢中，股價於短線高點橫向震盪整理，此時的成交量明顯放大，這是此位置區域中多空分歧加劇的標誌。在這個位置點，上攻明

顯受阻，劇烈的多空分歧將使股價走勢再次發生變化。結合股價的短線上漲情況來看，股價走勢反轉回檔的機率更大一些。

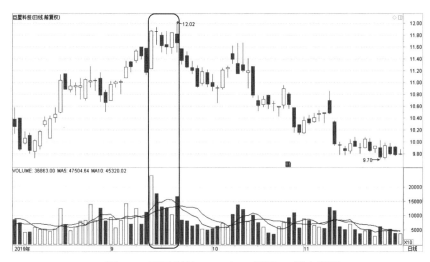

▲圖 1-4　巨星科技 2019 年 8 月至 11 月走勢圖

　　股價走勢無太大的變化，僅是橫向整理，但成交量的放大卻提示我們在此位置區域中多空分歧加劇。其隱藏的這一深層含義被揭開後，對於股價的走向，我們將能做更準確的預測。

1.2.2　籌碼的供求關係

　　成交量的直接含義僅是指成交的數量，但是如果我們把成交量與股價走勢聯繫起來，它就有了更深一層的含義，即成交量可以呈現市場或個股的供求狀況。股價上漲但成交量卻未見放大，說明賣盤少、賣壓小，少量的買盤入場即可推動股價上漲，個股籌碼「求大於供」。

　　反之，當股價下跌但成交量未見放大，說明少量的賣盤就可以降低股價，入場接盤者少，個股籌碼「供大於求」。當籌碼供求關係較為明顯時，則是趨勢沿著這一方向持續運行的可靠保障；當籌碼供求關係改變時，則應提防趨勢的轉向。

　　圖 1-5 的標注處，股價震盪上行量能未見放大，該股籌碼處於「求大於供」的狀

態中。如果此時的震盪區間位於相對低位區，那這種籌碼供求關係多預示著突破上升的走勢。

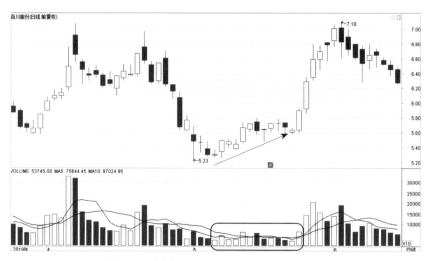

▲圖 1-5　百川股份 2019 年 3 月至 6 月走勢圖

1.2.3　動力與方向的關係

　　汽車跑得快不快，主要看引擎；沒有足夠的動力，再漂亮的車也只能成為擺設。**量價分析的實質就是動力與方向的分析：成交量是動力，而股價走勢則是方向，這種動力作用尤其會展現在股價的上漲過程中。**一般來說，如果沒有放大的量能作為股價上漲的動力，那麼上升走勢是難以維持的。

　　雖然公司的基本面情況、經濟因素、政策因素等均會影響到股價的走勢，但歸根究底，決定股價漲跌的力量，還是來自市場本身的買賣活動。股價上漲時，量能穩步放大，這表示漲勢仍在延續；股價上漲但成交量卻在縮小，這意味著漲勢已到了盡頭，是大盤反轉的徵兆。反之，股價下跌而成交量大增，顯示跌勢初起；股價持續下跌，但成交量越來越小，反映跌勢將結束，這是大盤反彈的訊號。

　　我們看圖 1-6 中的方框標注處，股價穩步上漲時，可以看到此時的成交量一直處於溫和放大的狀態。溫和放大的量能，代表著股價上漲時的動力，只要這種量價關係可以有效地保持，股價的上漲就具有較強的持續性。

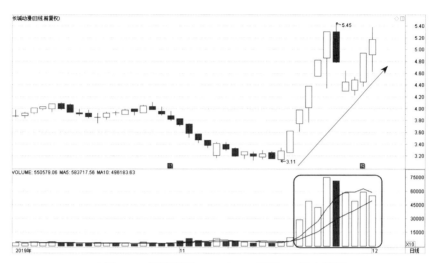

▲圖 1-6　長城動漫 2019 年 10 月至 12 月走勢圖

💰1.2.4　股價走勢的前兆

成交量蘊含了豐富的交易資訊。尤其是多日成交量的不同組合，對於預測股價的後期走勢具有極為重要的作用。

不同的量價關係蘊含了不同的市場含義，有一些經典的量價關係呈現著趨勢的運行情況，也有一些量價關係反映著短期波動情況。利用量價關係的不同形態進行分析，無論是在中長線交易中，還是在短線交易中，都更能幫助我們把握買賣時機。

圖 1-7 方框標注處可以看到，股價在中短線大幅下跌之後，出現了止穩走勢，此時的成交量大幅萎縮。結合股價之前的下跌情形來看，這是短期內做空力量消失的訊號。股價中短線的連續大幅下跌，已使得該股在短期內處於超賣狀態。成交量的形態變化，可以作為判斷反彈行情的依據，並提前預示股價運行方向。

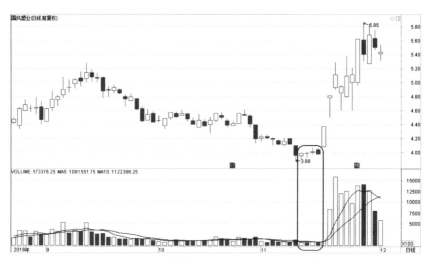

▲圖 1-7　國風塑業 2019 年 8 月至 12 月走勢圖

💰1.2.5　主力行為的線索

　　有主力參與的個股，其走勢往往「特立獨行」，甚至出現大行情。因此，關注主力的市場動向，是在股市中獲利的有效手段。**主力的買賣方式不同於普通的散戶投資人，由於主力的加入，個股量能的放大與縮小會有一定的規律**，發現這種規律後，我們就能好好把握主力動向了。

　　主力在參與個股時，會結合大盤進行進貨、震倉、拉升、整理、再度拉升、出貨等操作。

　　在這些環節中，進貨、拉升、出貨這 3 個環節是必然會出現的，其他幾個環節是否出現，與主力的風格、大盤走勢等因素相關。但是，無論哪一個環節，主力都會透過其買賣方式暴露其動向，而成交量就是反映主力動向最重要的線索之一。

　　由圖 1-8 可以看到，股價在經歷了大幅下跌之後，先在低位區止跌止穩，隨後放量上漲。結合隨後短線高點的強勢止穩、不回落的股價走勢來看，這波溫和放量上漲呈現出主力能力較強、拉升阻力較小。由於股價的上漲走勢才剛剛展開，因此隨後仍有較大的上漲空間。

▲圖 1-8　東方鉭業 2019 年 4 月至 6 月走勢圖

1.3

如何建立交易前的完善系統？

投資人依據量價關係展開實盤交易時，不應只關注局部。對於剛剛接觸這一技術分析領域的投資人來說，首先應建立一套較為完善的交易系統，在熟練掌握之後，就可以從量價圖輕鬆辨識出交易系統中需提前關注的盤面資訊，進而快速地依據量價關係展開實盤交易。

一般來說，**量價分析流程應是先進行全域分析，再看局部運行，最後進行細節化分析**。全域分析主要是對於趨勢的判斷；局部運行則是關注股價的短期波動情況；細節化分析是結合個股的具體量價形態，依據它的歷史表現來分析多空力量的變化情況，進而預測股價漲跌趨勢。在本節中，我們將以流程化的方法，來簡單介紹量價實盤交易的各個環節。

💰 1.3.1 市場趨勢運行情況

「趨勢」一詞的字面意思為：事物或局勢發展的動向，並且這種發展動向具有客觀性、不以人的主觀意志為轉移。在統計學中，趨勢具有時間性，主要是指時間軸上的某個可見的動向，是一種線性發展的客觀規律。可以看出，趨勢代表一種較為確定的發展方向。將「趨勢」一詞引入金融市場中，它是指價格走勢的某種客觀規律性，而且這種走勢是不以人的意志為轉移的。那麼，股市中的「趨勢」究竟是指什麼呢？

股市中的趨勢是指股價運行的大方向，而股價運行的大方向無非 3 種，即上升、橫向震盪、下跌。因此，股價運行的 3 種趨勢就相應地分為上升趨勢、橫向震盪趨勢、下跌趨勢。順應趨勢的發展方向來操作，我們可以最大限度地獲取利潤、迴避風險；反之，「逆市而動」則將使我們處於一種極為不利的境地。

　　在分析量價關係、預測股價走勢時，市場趨勢運行情況就是我們展開交易的背景環境，也直接關係著我們的倉位調度。在上升趨勢中，我們的操作可更為積極一些，短線交易也可以更為頻繁一些；在下跌趨勢中，我們則更應關注本金安全，更宜輕倉參與。

　　因此，在展開交易前，首先應判斷市場趨勢運行情況，判斷當前的趨勢是處於橫向震盪之中，還是處於上升趨勢或下跌趨勢之中；是處於上升趨勢的回檔階段，還是處於大幅下跌後的探底階段。可以說，趨勢分析是一項重要的工作，在之後的 1.4 節中，筆者將結合移動平均線來進行詳細講解。

　　對於大盤指數來說，它反映的是市場多空力量整體對比情況，一旦多空力量對比格局形成，就具有較強的持續性。

　　一般而言，日 K 線時間週期太短、變化過於頻繁，容易產生太多的雜亂資訊誤導投資人。但是週 K 線就完全不同了，週 K 線反映的是一週的交易狀況。因為股市的變化是有趨勢的，趨勢一旦形成，短時間內無法改變。就中長期來看，大的趨勢是一般資金難以影響的，對於有的個股價格走勢，用日 K 線可能難以判斷，而用週 K 線則能一目了然。**所以在判斷趨勢的時候，就 K 線形態而言，週 K 線才是中線大波段的真正代表。**

　　圖 1-9 中利用週 K 線的走勢及形態特徵，我們可以很完整地把握市場中的多空力

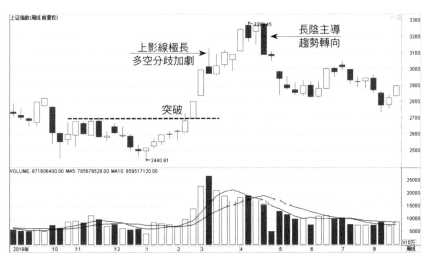

▲圖 1-9　上證指數 2018 年 8 月至 2019 年 8 月週 K 線走勢圖

量對比格局。如圖中的標注所示，上證指數在經歷了長期的橫向整理之後，週 K 線出現了長陽突破形態，這是方向性的選擇，空方無力再將上證指數壓低至原來的震盪平台區內，這也預示著上升趨勢的出現。

在經歷了長期的上漲之後，出現了一條上影線極長並且當週收陰的 K 線，這是空方賣壓明顯增加的訊號，結合上證指數的長期大漲、市場處於歷史上的高估值狀態來看，這是大盤加速趕頂的訊號。隨後的長陰線，則是趨勢開始反轉的明確訊號。

可以說，利用週 K 線圖的典型位置點及週 K 線形態特徵，我們可以更準確地判斷趨勢運行情況，進而展開順勢交易。

1.3.2　個股整體價格走勢情況

個股在股市之中，雖然受到大環境的影響，但往往也有自己獨特的運行格局，因此，在關注市場趨勢運行情況之後，我們應把目光更多地集中在個股上。特別是當股市處於橫向盤整的止穩態勢中時，個股的價格走勢差異十分明顯，有的強勢上攻、漲幅驚人；有的則走勢平穩、漲幅不大。

在關注個股整體價格走勢情況時，分析其歷史運行軌跡、把握「高低點」至關重要。當個股價格經歷了中線大幅下跌而進入低位區時，下跌動力減弱，反彈甚至反轉

▲圖 1-10　中直股份 2019 年 3 月至 6 月走勢圖

▲圖 1-11　中直股份 2019 年 3 月至 9 月走勢圖

的機率增加；在持續上漲後進入高位區時，則應提防突破後的快速反轉風險。

　　圖 1-10 中，2019 年 6 月 3 日該股收出放量陰線。當日成交量較大，市場賣壓很大，僅從局部走勢來看，股價處於窄幅震盪整理中，這條放量長陰線似乎是股價易破位下行的訊號。但是，在查看該股整體價格走勢情況後，我們的這個結論就顯得很片面了。

　　將日 K 線圖的時間範圍擴大，如圖 1-11 中我們可以看到，股價經歷了兩輪大幅度下跌，當前正處於低位。因此，2019 年 6 月 3 日的放量陰線只能預示股價的短線回檔，破位下行的機率很小。在操作上，我們可以在隨後股價短線回落期間積極入場。

🤑 1.3.3　股價的短期走勢

　　短線交易要「長短兼顧」：所謂的「長」，是指趨勢運行情況；「短」則是指短期走勢情況、波段運行情況。

　　當股價經歷了一波上漲而達到短線高點時，必然會有較大的賣壓，易出現回落。在這種情況下，那些具有下跌含義的量價配合關係則更為準確。當股價經歷一波下跌而達到短線低點時，會引發一定的抄底盤入場，市場承接力增強，在這種情況下，那些具有上漲含義的量價配合關係則更為準確。

　　將股價的短期走勢與量價關係相結合，當其形成「共振」時，我們依據量價形態

展開短線交易的成功率，將大大提高。

我們可以看到圖 1-12 中，股價以一條放量的陰線跌破了短期支撐點位，有加速下跌之勢。但是，從短期走勢來看，股價正處於箱體震盪區的低位，這是一個短期承接力較強的位置區，只要大盤不出現大幅下跌，在短線抄底盤入場承接的情況下，股價很難破位下行。在實盤操作中，我們不必恐慌拋售，可以等股價反彈後尋找一個相對高點再賣出離場。

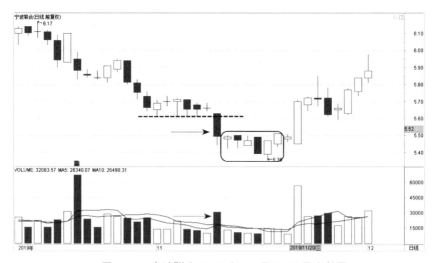

▲圖 1-12　寧波聯合 2019 年 10 月至 12 月走勢圖

💲 1.3.4　異動量能的盤面特徵

盤中的成交細節也是短線交易時，需特別注意的一個要素，特別是主力在盤中參與，使得收盤價較高的個股。對於這類個股，若僅查看它的日 K 線圖，利用量價配合關係來預測股價走勢，很可能會得出錯誤結論。

我們可以看到圖 1-13 中，該股在 2019 年 3 月 6 日、月 7 日連續兩日放量，股價突破了長期的整理區間，這種形態多預示著上攻行情的出現。2019 年 3 月 8 日，即圖中最後一根長陰線，股價開低走低，這是突破後調整的開始，還是應逢高拋售的停利點？從日 K 線圖的理想量價關係來看，此時應短線持有，但若查看 3 月 6 日和 3 月 7 日的分時圖，就會得出相反的結論。

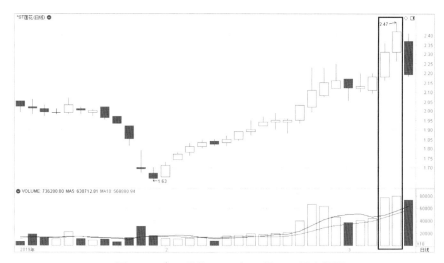

▲圖 1-13　*ST 蓮花 2019 年 1 月至 3 月走勢圖

　　圖 1-14、圖 1-15 為該股 2019 年 3 月 6 日、3 月 7 日的分時圖，這兩日的盤面有一個重要特徵，就是尾盤上揚、收盤價較高。

　　真正的短線上攻行情，控盤能力較強的主力資金是不會以參與提高收盤價來實現

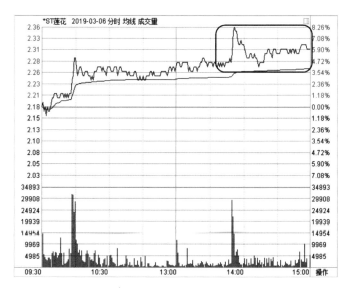

▲圖 1-14　*ST 蓮花 2019 年 3 月 6 日分時圖

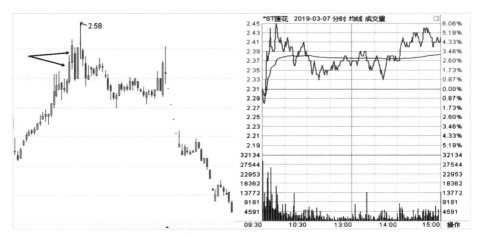

▲圖 1-15　*ST 蓮花 2019 年 3 月 7 日分時圖

拉升目標的。但主力短期內有意出貨時，往往會參與拉高收盤價，為次日出貨預留空間。經過全面的分析後，判斷出股價加速上攻的機率較小，因此，2019 年 3 月 8 日股價開低走低並且無力上衝時，我們的短線操作應是果斷賣出、鎖定利潤。

💰 1.3.5　局部量能與整體量能對比

我們在對成交量進行分析時，要有一個宏觀的視野，不能只局限於量能的局部縮放情況。放量與縮量都是相對的，要有一個明確的參照。例如，我們說股價突破盤整區時出現了放量，這時的「放量」是相對於之前盤整區的低迷整理走勢而言的，若將視野放大，以股價在盤整區之前的上漲波段作為參照，則可能就是縮量。不將視野放大，我們就不能兼顧全域，也不能從整體的角度來解釋主力的市場行為，進而準確預測股價運行趨勢。

我們可以看到圖 1-16 中，2019 年 1 月 15 日股價以放量長陽線突破盤整震盪區，所有籌碼都處於短線獲利狀態。從局部走勢來看，當日量能放大明顯，似乎是賣壓較重、主力參與能力較差的標誌，股價的突破上漲走勢並不被看好。

但是，將視野放大，對於 2018 年 3 月之後的運行趨勢來說，2018 年 12 月 26 日的放量形態是較為溫和的，而且，考慮到股價一舉突破了長期的盤整震盪區間，在全盤獲利的背景下，量能才放大到這樣的程度，也從側面反映了主力較強的參與能力。

從短線走勢來看，股價也許有小幅回落，但中線走勢還是被看好的。

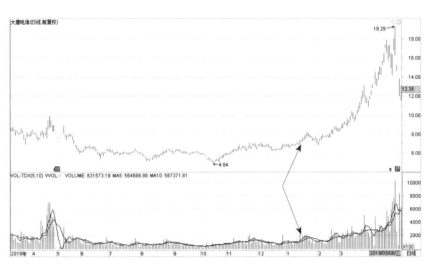

▲圖 1-16　大唐電信 2018 年 3 月至 2019 年 4 月走勢圖

💰 1.3.6　認識典型量價形態

　　量價形態分析，既要考慮成交量形態，也要考慮股價走勢。在 A 股市場中，有一些較為常見的量價形態，它們有著相對固定的市場含義，只要個股的盤面運行平穩、盤中大筆交易數量相對較少，即這種量價形態是市場真實交投的結果，則當相同的量價形態出現時，它們也預示著相同的股價走勢。

　　對於中短線交易的學習者來說，在深入學習、理解並且懂得分析各種不同的量價形態之前，熟悉這些典型的量價形態，可以幫助他們快速找到突破點。在本書中，筆者既講解了葛蘭碧的經典量價關係 8 大法則，也結合筆者的長期實戰經驗，總結了近百種量價配合形態，力求幫助讀者快速掌握量價操作之道。

　　我們可以看到圖 1-17 中，該股在一波快速上漲走勢中出現了遞增放量，這就是一種典型的量價配合形態。對於這種量價形態來說，量能的峰值處也將是股價的短線頂點，而且隨後多會出現大幅調整。依據這種典型的量價形態，當我們預判該股的成交量無法再度放大時，應果斷賣出、鎖定利潤。

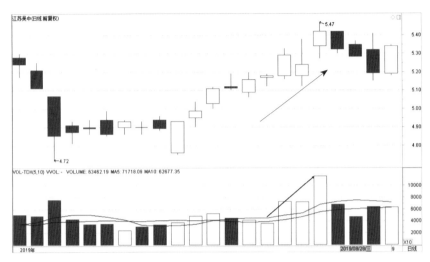

▲圖 1-17　江蘇吳中 2019 年 8 月走勢圖

1.4

如何抓出股價漲跌趨勢？

　　移動平均線（Moving Average，MA）是道氏理論的形象化表述。它以查理斯·道（Charles Henry Dow）的「平均成本概念」為基礎，採用統計學中的「移動平均」原理，透過由若干條不同時間週期的均線所組成的均線系統，來表現市場平均持有成本的變化情況，進而清晰地呈現股市及個股的趨勢運行情況。在本節中，我們將結合均線系統的不同排列形態，來看看它是如何呈現趨勢運行情況的。

1.4.1　均線的含義及原理

　　股價走勢只是趨勢運行的表象，市場平均持有成本的變化情況才是趨勢運行的內在本質。市場平均持有成本，展現了多空雙方的出入意願及力度，這種意願及力度具有明顯的傾向性，可以維持較長的時間。一般來說，股價走勢的變化主要取決於兩點：一是市場平均持有成本及其變化情況，二是場外投資人的買賣意願。兩者對股價走勢的變化各有一半的影響力。

　　在具體設計上，移動平均線以每個交易日的收盤價，近似地代表當日市場平均持有成本。將最近 n 日的收盤價進行算術平均，就可以得到這一時間週期內的市場平均持有成本的數值。

　　下面我們以 5 日作為計算週期，來看看移動平均線 5 日均線，也就是 MA5 的計算方法。

$$MA5（n）=（Cn + Cn-1 + Cn-2 + Cn-3 + Cn-4）÷5$$

　　Cn 表示第 n 日的收盤價，在此公式中近似地代表這一交易日的平均成交價，MA5（n）表示第 n 日的移動平均值。

將每一日的 MA5（n）連成平滑的曲線，我們就會得到移動平均線 MA5。同理，我們還可以得到其他時間週期的移動平均線，其中的 5 日、15 日、20 日、30 日這 4 種時間週期較為常用，它們是中短期市場平均持有成本走向的反映。

1.4.2　中期主導的多頭、空頭形態

多頭形態與空頭形態是均線系統中最經典的形態，多頭形態代表著升勢的出現與持續，空頭形態代表著跌勢的出現與持續。

多頭形態也稱為「多頭發散形態」。當股市進入上升週期後，後入場的投資人持有成本更高，這將使得週期相對較短的均線，運行於週期相對較長的均線上方。整個均線系統呈向上發散狀，這種組合形態稱為多頭發散形態。

空頭形態也稱為「空頭發散形態」。在整個均線系統中，週期相對較短的均線運行於週期相對較長的均線下方，整個均線系統呈向下發散狀。空頭形態是跌勢出現、持續的標誌，也是空頭佔據主動的訊號。

當多頭形態出現後，表明當前的市場處於多方佔優勢階段，是中期趨勢向上的訊號，只要多頭形態未被明顯破壞，我們宜以升勢思維來交易；當空頭形態出現後，表明當前市場處於空方佔優勢階段，是中期趨勢向下的訊號，此時，我們只宜參與超跌反彈的短線交易。

圖 1-18 的均線系統由 MA5、MA10、MA20、MA30 這 4 條均線組合而成。股價在經歷了整理之後開始上揚，此時的均線系統呈多頭發散形態，這是多方佔優勢並且發動攻勢的標誌，也是中期股價走勢向上的反映，標誌著升勢的持續。

圖 1-19 中股價持續震盪走低，雖然此時的中短線下跌幅度已經較大，但明顯的均線空頭發散形態，提示我們此時的市場仍是空方佔優勢，不宜過早抄底入場。

1.4.3　途中整理的黏合形態

在股價上升（或下跌）途中往往會有整理走勢出現，這不是趨勢轉折的訊號，它僅是原有趨勢運行中的整理。所謂的黏合形態是指在上升趨勢中，短期均線向下靠攏中長期均線（下跌趨勢中，短期均線向上靠攏中長期均線），使得多條均線黏合在一起。當黏合形態出現後，隨著交易的持續進行，這種多空平衡狀態會被打破，股價很

▲圖 1-18 生物股份 2019 年 7 月至 11 月走勢圖

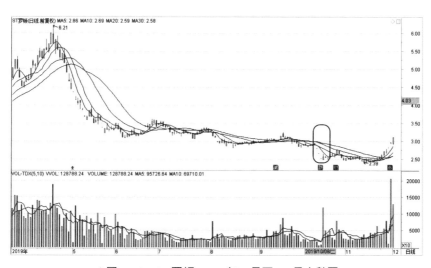

▲圖 1-19 ST 羅頓 2019 年 3 月至 12 月走勢圖

大的機率會沿原有趨勢的方向運行。

我們可以看到圖 1-20 中，股價在上升途中的回落、震盪使得短期均線向下靠攏中期均線，多條均線之間的距離極短，呈黏合形態。但此時的 MA30 仍舊在穩健上行，這說明多方力量依舊佔優勢。此時的均線黏合形態，代表著當前的橫向震盪走勢為途中整理，隨著整理走勢的結束，股價仍將保持原有的上升趨勢。

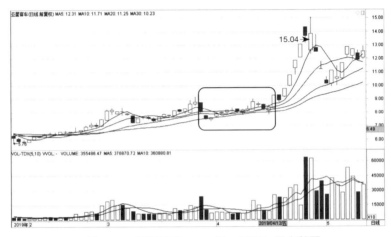

▲圖 1-20　亞星客車 2019 年 2 月至 5 月走勢圖

▲圖 1-21　江蘇陽光 2019 年 3 月至 8 月走勢圖

圖 1-21 可以看到在震盪下跌過程中，股價的小幅反彈，使得短期均線向上靠攏中期均線，這是下跌途中的黏合形態，也是跌勢仍將持續的訊號，我們此時不可抄底入場。

1.4.4　反轉前的壓力支撐轉化

在上升途中的一波下跌走勢後，原有的均線系統呈多頭形態，隨著這一波下跌，多頭形態被打破。當股價下跌至 MA30 附近時，若受到有力的支撐（或者在跌破 MA30 後能快速反彈），則表明多方力量依舊較強，升勢有望延續。

但是，若股價向下跌破了 MA30，並且在較長時間內無法向上突破時，這時的 MA30 將由原來的支撐作用轉換為阻力作用，趨勢反轉下跌的機率較大，這時我們應控制倉位、鎖定利潤。

可以看到圖 1-22 在股價持續上升途中，MA30 對短期回檔走勢提供了較強的支撐作用。一般來說，當股價累計漲幅不大並且處於明顯升勢中，一波回落使得股價接近 MA30 時，是較好的中短線入場點。

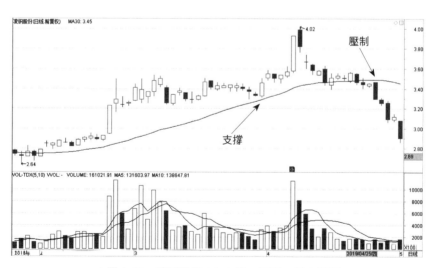

▲圖 1-22　凌鋼股份 2019 年 1 月至 5 月走勢圖

　　隨著上升趨勢的持續，在高位區出現了長陰線快速跌破 MA30 的形態，這是原有多空力量對比格局發生轉變的訊號，我們應注意趨勢的轉向。

　　我們可以看到圖 1-23 中，其股價一直處於穩健上升的通道中，但在高位區出現了震盪下滑的走勢，股價向下跌破了 MA30，並且 MA30 隨後對股價的反彈上漲構成了強力阻擋，這是多空力量對比格局發生轉變的訊號。考慮到股價的累計漲幅，在這個位置區震盪築頂的機率較大，此時我們應減碼或清倉離場。

　　當股價上漲至 MA30 附近時，若受到了明顯的阻擋（或者在突破 MA30 後又馬上回落到其下方），則表明空方力量依舊較強，跌勢仍未見底。若股價向上突破了 MA30，並且在較長時間內站穩於 MA30 上方，這時的 MA30 將由原來的阻力作用轉換為支撐作用，趨勢反轉上行的機率較大，這時我們就可以積極地在股價回檔時加碼買入。

　　可以看到圖 1-24 中，在中長期的低位區股價止穩後，均線呈現多頭形態，這是多方力量開始佔優勢的訊號，也是趨勢有望反轉上行的訊號。隨後，股價震盪上揚，多方力量明顯佔優勢，並且在股價的一波大幅調整過程中，MA30 發揮了較強的支撐作用。這時 MA30 由原來的阻力作用轉換為支撐作用，這也是趨勢反轉上行的一個重要訊號。在實盤操作中，當股價回落至 MA30 附近時，我們可以進行中短線買入操作。

💲 1.4.5 「蛟龍出海」反轉形態

　　「蛟龍出海」反轉形態，出現在股價上升途中的長期震盪回落態勢中，或中長期低點的止穩走勢中。此時，MA30 仍舊處於緩慢下移的狀態中，股價也持續運行在 MA30 下方，總體下跌速度很緩慢，呈緩跌格局。

　　此時，若一條長陽線突破了 MA30，股價將連續多個交易日站穩於 MA30 之上。「蛟龍出海」反轉形態是一種打破原有震盪緩跌格局的反轉形態，個股出現短線快速上攻行情的機率較大，在實盤操作中，我們可以積極跟進。

　　我們看圖 1-25，在較長時間的橫向震盪走勢中，股價滑落、MA30 下行。如圖中的標注所示，一條長陽線向上突破了 MA30，隨後多個交易日內，股價站穩於 MA30 上方。當股價回落至 MA30 附近時，再度出現長陽線，這說明可能有主力資金積極買入，此時若想進行中短線交易則可以買股入場。

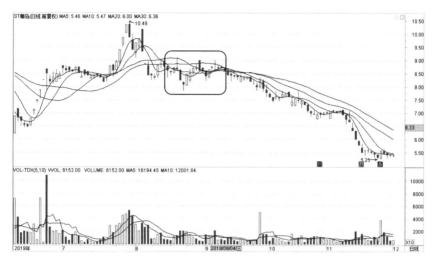

▲圖 1-23　ST 椰島 2019 年 6 月至 12 月走勢圖

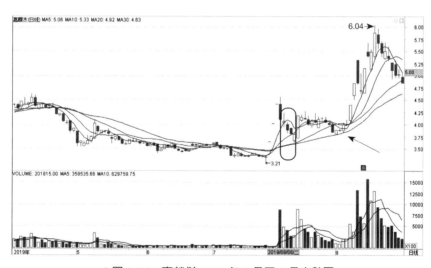

▲圖 1-24　嘉麟傑 2019 年 4 月至 9 月走勢圖

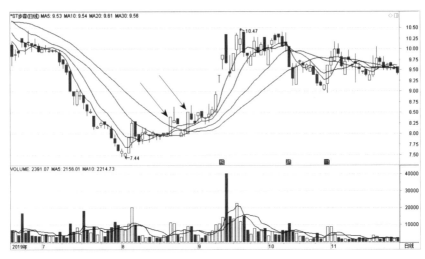

▲圖 1-25　*ST 步森 2019 年 6 月至 11 月走勢圖

在實盤操作中，當股價回落至 MA30 附近時，就可以短線買入。若隨後的走勢證實我們的判斷是正確的，則可耐心持股待漲，直至出現短線賣出訊號。若股價再度向下跌破 MA30，則表明之前的長陽線突破 MA30 並不是上漲訊號，我們應及時賣出，從而保證本金安全。

$ 1.4.6　多空交替形態

均線系統的多空交替形態，是指均線系統有時因一波上漲而呈多頭排列形態，而有時因一波下跌而呈空頭排列形態。多空交替形態常見於盤整震盪走勢中，是趨勢運行不明朗的標誌，也是多空雙方力量相對均衡的訊號。

在股價走勢沒有發出明確的方向選擇訊號前，我們只宜進行高賣低買的短線交易，即在均線系統呈現完全的空頭排列形態並且股價位於震盪區低點時，可短線買入；隨後，一波上漲之後，當均線系統呈現完全的多頭排列形態，且股價處於震盪區高點時，可獲利賣出。

在圖 1-26 中，股價在高位區震盪滯漲之後開始向下破位，短線跌幅較大，此時的大盤仍舊處於橫向震盪之中，並且沒有系統性風險。因此，股價步入快速下降通道的機率較小，此時出現的止跌止穩可以作為一個短線買入點。

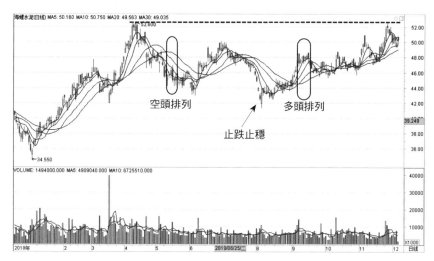

▲圖 1-26　海螺水泥 2018 年 12 月至 2019 年 12 月走勢圖

　　隨後，股價震盪上行、快速突破 MA30，這是多方力量再度佔優勢的訊號。但當股價上漲至前期高點附近時，由於存在較多的短線獲利賣壓以及解套賣壓，因此出現調整的機率較大，我們應逢高賣出、鎖定利潤。

1.5

如何掌握股價大幅變動的買賣時機？

進行實盤交易時，我們首先要查看的就是盤面的各項資訊。其中，盤中出現異動（如量能異動、走勢異動、掛單情況變化等）的個股更值得關注，它們可能是主力短線重點參與的商品，也可能預示著個股上攻行情的出現。

在以量價形態為核心展開交易時，能否在第一時間發現這些個股非常重要，否則我們很可能錯失買入時機。在本節中，我們將說明重要的即時盤面資訊，來檢視如何在第一時間發現這些盤面異動股。

💲 1.5.1 振幅、量比、換手率等重要數據

各式各樣的盤面數據，從不同角度呈現出多空雙方的交投行為，利用它們可以更準確地觀察個股的運行情況。其中，振幅、量比、委比、內盤與外盤、換手率等數據較為重要。

1. 振幅

振幅是指股價在當日盤中的上下震盪的幅度。振幅展現了多空雙方的競爭情況。個股的盤中振幅越大，說明多空競爭越激烈。過大的盤中振幅，往往就是短線股價走勢反轉的訊號。其公式如下。

$$振幅 ＝（當日最高價－當日最低價）÷ 上一交易日收盤價 ×100\%$$

2. 量比

量比，即成交量的相對比值，它以分鐘為時間單位，其數值為當日開市後每分鐘

的平均成交量，與過去 5 個交易日每分鐘的平均成交量之比，也是一種即時的盤面資料。量比將前幾個交易日的每分鐘平均成交量作為參照，可以幫助我們即時瞭解個股在這一分鐘量能放大或縮小的程度，是發現成交量異動的重要指標。對量比的數值進行分析時，量比值較大的個股（一般來說，量比值至少要在 3 以上），更值得關注，可以幫助我們縮小選股範圍。其公式如下。

$$量比＝\frac{[\,當日開市後的成交總手數 ÷ 當日累計開市時間（分）\,]}{過去\,5\,個交易日每分鐘的平均成交量}$$

3. 量比曲線

在盤中，以分鐘為時間單位，將量比數值依次連接得到一條平滑曲線，這就是量比曲線。它使我們更能掌握個股當日成交量，與近期成交量的相對變化情況。

一般來說，透過一夜的市場訊息及人們心理上的變化，新的一個交易日開盤的時候，股價及開盤成交量的變化極大。將其反映在量比數值上，就是很多股票開盤時的成交量比數值會高十幾倍，隨後量比數值又急速下降。大多數股票的成交量在新的一個交易日開盤時都顯得很不穩定，因此在通常的行情背景下，我們應該等待量比曲線穩定後再採取行動。

4. 委比

委比可以反映委買盤與委賣盤的掛單數量對比情況。委比的取值範圍為 –100%至 100%，當委比數值為 100% 時，個股處於漲停板；當委比數值為 –100% 時，個股處於跌停板。其公式如下。

委比＝（委買手數－委賣手數）÷（委買手數＋委賣手數）×100%

委比是具有即時性的盤面數據，隨著委買單、委賣單的陸續掛出、不斷成交，委比數值也會不斷變化。一般來說，當委比數值為正時，說明有較多的委買單在下面承接，這是買方力量相對較強的表現；當委比數值為負時，說明有較多的委賣單壓在上面，這是賣方力量相對較強的表現。

5. 內盤與外盤

外盤，是指以主動性買入方式成交的股票數量。對於一筆交易，在賣方報價後，

買方主動以賣方報價買入，這是主動買入；在買方報價後，賣方主動以買方的報價賣出，這是主動賣出。內盤，是指以主動性賣出方式成交的股票數量。其公式如下。

成交量＝外盤＋內盤

當外盤較大時，說明以主動性買入方式成交的股票數量更多，這是投資人買股意願較強的展現，此時的股價也多會在買盤的推動下出現上漲。當內盤較大時，說明以主動性賣出方式成交的股票數量更多，這是投資人賣股意願較強的展現，此時的股價也多會在賣盤的壓力下出現下跌。

在實盤操作中，我們需結合個股的價格走勢情況，來解讀內外盤所蘊含的市場訊息，以下列舉 5 種情況。

（1）在長期下跌後的低位區：價格走勢止穩，量能溫和放大，此時出現的外盤大於內盤的情況，可以被看作是場外資金積極入場、多方力量增強的訊號。若個股可以在之後的更多的交易日中，出現外盤大於內盤的情況，則預示著多方力量正在積累，是後期價格走勢看漲的標誌。

（2）在長期上漲後的高位區：價格走勢滯漲，量能相對縮小，此時出現的內盤大於外盤的情況，可以被看作是場內資金陸續離場、空方賣壓漸強的訊號。若個股可以在之後的更多的交易日中，出現內盤大於外盤的情況，則預示著空方力量正在積累，是後期價格走勢看跌的標誌。

（3）在穩步上漲的價格走勢中：外盤大於內盤是買盤充足的表現，也是漲勢將持續的標誌。在持續下跌的價格走勢中，內盤大於外盤是賣盤充足的表現，也是跌勢將持續的標誌。

（4）在高位震盪區：若個股在盤面中出現了外盤明顯大於內盤，但盤中價格走勢卻無力上漲的情形，是價格走勢看跌的訊號。

（5）在低位震盪區：若個股在盤面中出現了內盤明顯大於外盤，但盤中價格走勢卻較為穩健、未見明顯下跌的情形，這是價格走勢看漲的訊號。

6. 換手率

　　換手率也稱周轉率，它是指一檔股票在「單位時間內的累計成交量與其流通總股本之間」的比率，是反映股票流通性強弱的指標之一。其公式如下。

換手率 =（單位時間內的累計成交量 ÷ 流通總股本）×100%

　　一般來說，在計算換手率時，多以交易日為時間單位。假設某檔股票連續 10 個交易日的換手率之和（累計換手率）為 100%，我們可以這樣簡單地理解：這檔股票在經過了 10 個交易日的交投之後，其流通在股市上的全部股票籌碼已經從原有持股者手中，轉移到了新加入進來的投資人手中。當然，這只是一種簡單的理解，因為很多投資人都在頻繁地買賣一檔股票，換手率為 100% 並不意味著持股者的完全轉換。

　　關注換手率時，我們要充分考慮個股的特性。對於大股東持股比例較高的個股，這些股票的換手率會較低；反之，對於大股東持股比例低、股票籌碼高度分散的個股，其換手率就會較高。

　　個股的換手率可以反映個股的交投情況是否活躍。一般來說，日換手率小於 3% 表明交投不活躍，市場觀望氣氛較重。日換手率在 3% ～ 7%，表明市場交投氣氛活躍，意味著股票流通性好，進出市場比較容易，不會出現「想買買不到、想賣賣不出」的現象。此種換手率多出現在行情的行進階段，股票透過持續的換手，市場持有成本在不斷地增加或減少，這有利於行情的發展。

　　日換手率大於 7% 表明股票在頻繁換手，如果發生在高位，我們應注意風險。此外，對於不同類型的個股，也應區別其換手率標準：大股本的換手率達到 2% 就可以算是較高的水準，而小股本、題材股的換手率一般要超過 5%，才可以將其稱作是高換手率。

　　高換手率是最值得我們關注的。高換手率說明資金的流入、流出速度較快，若高換手率是由主力資金流入、散戶資金流出引發的，往往預示著機會的到來；若高換手率是由主力資金流出、散戶資金流入引發的，往往是風險的預兆。由於較長時間的高換手率可以表現出資金進出量大、持續性強的特點，因此在實盤操作中，能在較長的時間內維持高換手率的股票，極具價值。

📈 1.5.2 掛單分析：大單托底與大單壓頂

　　掛單，就是指委買、委賣盤中的掛單情況。這些單子是已掛出、但卻仍未成交的。正常的掛單情況中，委買盤與委賣盤的單子數量相對平均，每個價位上的單子數量也不會相差太多。但是，有的時候可以看到委買盤的某一價位處掛有超級大單（大單托底），或是在委賣盤的某一價位處掛有超級大單（大單壓頂）。

　　大單托底給我們的感覺是此股價格難跌，大單壓頂給我們的感覺則是此股價格難漲，但經驗告訴我們，只憑感覺往往並不準確。很多時候，大單托底，但股價在盤中的走勢卻明顯弱於大盤；大單壓頂，但股價在盤中的走勢卻明顯強於大盤。在實盤操作中，我們一定要學會逆向思維，不能單單憑藉對盤面的感覺來做出判斷。

　　例如，股價走勢在盤中出現了小幅度的震盪下行，在震盪下行過程中，委買盤的單子非常大，大單托底給人的感覺是有資金承接，股價難跌。然而，實際情況可能是此股當日的價格走勢較弱，明顯弱於當日大盤。

　　如果此大單真是為了防止股價下跌、主力護盤的話，那麼在當日大盤走勢較為穩健的背景下，個股的盤中表現應強於同日大盤，但短線走勢出現了一定的股價重心下移的情況。因此，我們對於這種大單托底的情況應逆向理解，從而判斷出這是賣出訊號。

第 2 章
看懂放量與縮量，
因為「有量才有價」！

2.1

循序漸進的放量：
溫和式放量

　　成交量形態的變化歸根究底只有兩種情形，一種是放量，另一種是縮量。但是，放量和縮量的具體表現形式多種多樣，有較為溫和的放量，也有突兀式放量，在不同的股價走勢中，它們所蘊含的市場含義也不盡相同。

　　學習量價知識前，對於成交量的放大、縮小形態，先要有一個較為系統性的瞭解，在此基礎之上，進一步結合實際股價走勢、解讀成交量的細微變化，才能取得更好的效果。**在本章中，筆者以「放量」及「縮量」為核心，結合股價走勢，講解一些常見的成交量形態，為讀者打好基礎。**

2.1.1　溫和式放量的成因

　　溫和式放量是一種相對溫和的放量形態，它是指成交量與近期的均量水準相比而言，出現循序漸進、幅度不大的放量，成交量的前後變化較為連續，成交量的放大水準多保持在近期均量的兩倍左右。溫和式放量多出現在上漲波段，而在不同個股的中短線價格走勢中，溫和式放量所具有的市場含義也不盡相同。

　　「漲時放量，跌時縮量」是股價運動過程中的常態，也是市場正常交投的結果。波段上漲走勢中的溫和式放量，屬於普通的放量上漲形態，一般來說，只對局部走勢進行觀察，實戰意義不大。在實盤操作中，我們應將局部走勢中的溫和式放量形態放入趨勢運行中，「低位攀升走勢」、「突破套牢區位置點」和「震盪反彈波段走勢」這幾種情形下的溫和式放量，具有較高的實戰價值，能夠較為準確地預示股價後期的運行方向。

💰 2.1.2　低位攀升溫和式放量，有實戰意義

　　一般來講，當低位攀升溫和式放量這一形態，出現在市場整體或個股長期下跌之後的低位區時，最具實戰意義。因為這時的個股多處於超跌狀態，但超跌並不是股價上漲的動力，只有持續的買盤進入，才能讓股價步入底部並且隨後走入上升通道之中。而**溫和式放量的形態，正是買盤持續進入的訊號，也就是股價見底、上漲趨勢即將出現的訊號。**

　　從圖 2-1 中可以看到，在前期經歷了短線快速下跌、中期持續下跌之後，股價進入了低位區。如圖中的標注所示，此時出現了一波上漲行情，量能溫和放大，股價在短線高點止穩不跌，這是買盤積極入場的訊號，預示著行情的反轉，在實盤操作中可以積極地跟進買入。

▲圖 2-1　東風汽車 2018 年 12 月至 2019 年 5 月走勢圖

💰 2.1.3　升勢創新高溫和式放量，可持股待漲

　　升勢創新高溫和式放量，是指個股在一波穩健上漲，並且創出近期新高的價格走勢中，出現了成交量循序漸進地溫和放大，而且其均量大於之前上漲走勢中的均量的情形。

▲圖 2-2　中直股份 2019 年 4 月至 9 月走勢圖

　　這種出現在上升途中的溫和式放量形態，是場外買盤資金較為充足的標誌，也預示著股價上升趨勢仍將延續下去。

　　由圖 2-2 中的標示處可以看到，在震盪上升行情中，一波震盪上升走勢創出了新高，量能較之前的均量而言，出現了溫和式放大的情形，這是買盤資金充足的標誌。由於此時股價的累計漲幅不大、上升形態良好，因此，這種溫和式放量的量價關係，預示著升勢仍將持續下去，我們可以耐心持股待漲。

2.1.4　突破套牢區溫和式放量，可積極買入

　　套牢區因股價破位下行而出現，隨後，股價反彈上漲至這一位置點，較多的被套盤處於解套狀態。同時，由於股價短線上漲而產生了一定的獲利盤，在這個位置點上，若股價能夠以溫和放量的方式突破套牢區，則表明市場籌碼鎖定狀態良好。這或許也可表明市場浮額較少，股價上漲阻力較小。

　　只要股價短線漲幅不大、中線仍處於相對低位區，則表明股價的中線走勢是向上的，仍會有較大的上漲空間。在實盤操作中，股價在突破套牢區後，若能夠在突破位置點止穩，則預示著上漲動力較足，此時我們可以積極地買股入場佈局。

　　由圖 2-3 可以看到股價在急速下跌之後，跌破了前期的震盪整理區間，從而使得

▲圖 2-3　浙江富潤 2019 年 4 月至 11 月走勢圖

此區間成為套牢區，中短線跌幅較大。隨後，股價反轉上行，當上漲至套牢區時，量能僅溫和放大。在短線獲利盤、套牢盤的雙重賣壓下，這種溫和式的放量止穩表明市場浮額較少，是股價能夠成功突破的訊號之一。

💰 2.1.5　震盪反彈溫和式放量，應及時賣出

在震盪下跌走勢中，股價的一波快速下跌之後，個股短期內處於超跌狀態，只要有一定的買盤入場，就可以推動股價反彈式上漲。此時出現的溫和式放量，僅代表股價的反彈式上漲，並不是大量買盤入場的訊號。

一般來說，當底部出現時，會有一個反覆震盪的過程，若股價急速下跌的速度較快、幅度較大，能夠出現「V」形反轉的話，那麼其量能會連續大幅度放出，而不會溫和式放量。

在實盤操作中，對於溫和式放量所引起的價格反彈式上漲的股票，我們是不宜追漲買入的；若股價中短線下跌幅度較大，溫和式放量之後，我們最好等股價短線再度回落後，才抄底入場。

由圖 2-4 可以看到，該股在震盪反彈波段出現了幾次溫和式放量，量能放大幅度小。此屬於無量式反彈，代表著買盤入場不積極、反彈行情只是「曇花一現」。在實

盤操作中，一旦股價短線滯漲，我們應及時賣出該股、規避新一輪的下跌風險。

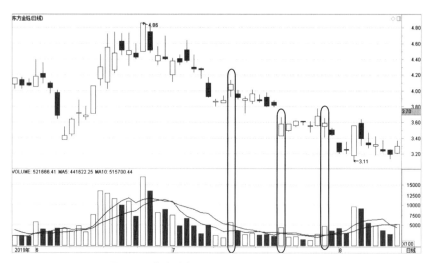

▲圖 2-4　東方金鈺 2019 年 5 月至 8 月走勢圖

2.2

突然大幅度放大：
突兀式放量

💰 2.2.1　突兀式放量的成因

突兀式放量也稱「脈衝式放量」，它是指成交量在某一日或連續兩日內突然大幅度放大，其放量效果往往可以達到之前均量大小的 3 倍以上。而且，在這一、兩日的放量之後，此股的成交量又突然地恢復如初。

一般來說，量能的放大或縮小有一個連續過渡的過程，這是多空雙方競爭不斷趨於激烈或不斷趨於緩和的寫照。但突兀式放量則完全不同，它是量能的一次突兀式躍動。突然地放量，又突然地恢復如初，這無疑是成交量的明顯異動。

那麼，突兀式放量是如何被引發的呢？一般來說，它是受消息面的刺激所引發的，下面我們就來看看突兀式放量究竟蘊含了怎樣的市場含義。

利多消息會促使股價上漲，主要是由於股價的快速變動，和市場對利多消息的解讀結果不同，多空雙方產生強烈分歧，造成了較大的交易量。

利多消息刺激下的突兀式放量表明兩種訊息：一是買盤入場力度大，並且當日多方佔據了主動地位，但當日的巨量也造成了對買盤力量的極大消耗；二是交易是雙向的，突兀式放量也說明當日逢高賣壓異常沉重，放量過後，量能突然大幅度萎縮，說明市場後續入場的買盤力量不足。因為「漲時需有量能支撐」，當股價處於短線高點，而量能又無法維持放大態勢時，一波回檔下跌走勢難免會出現。

再來看看利空消息引發的突兀式放量。利空消息引發突兀式放量並且造成股價的快速下跌，這說明市場的主動性快速賣出力量巨大，空方完全佔據了主動地位，這是下跌訊號。

💲 2.2.2　短線上衝突兀式放量

短線上衝是指，股價出現了一波短線上漲，漲幅相對較大、漲速較快。從日 K 線圖來看，股價的一波短線上漲往往會使股價呈加速突破上漲狀，這時出現的突兀式放量往往與主力的階段式減碼、出貨行為相關。

圖 2-5 中股價經歷了一波短線上漲，上漲幅度相對較大；在有了一個漲停板、全盤獲利的情形下，出現了跳空長十字線的形態，當日成交量異常放大，放大效果大致為此前均量的 2 倍；次日量能又突然恢復如初，這就是突兀式放量上漲。出現在此位置點的這種量能形態，表明股價短線上攻動力已過度釋放，而且多與主力的階段性出貨行為相關，是短線上漲走勢結束的訊號。在實盤操作中，我們進行中線交易時應減碼，進行短線交易時應獲利離場。

▲圖 2-5　諾德股份 2019 年 7 月至 11 月走勢圖

💲 2.2.3　寬震區箱頂突兀式放量

在寬震區中，由於股價的上下波動幅度較大，股價走勢會在箱頂受到較強阻力，在箱底獲得較強支撐，此外寬幅震盪走勢常出現在浮額較多、主力參與能力較弱的個股上。

當股價上漲到達寬震區箱頂位置點時，將受到雙重賣壓阻擋，一是短線獲利盤賣
壓，二是箱頂位置附近的套牢盤賣壓。因此，當在寬震區箱頂出現突兀式放量上漲
時，表明此位置點的賣壓極大，雖然有買盤入場推動股價上漲，但隨後量能突然恢復
如初，意味著買盤入場力度減弱。股價在短線高點承接力度不足，量能放得越大，則
短期內對多方力量的消耗越大，股價隨後的回落幅度也就越大。

圖 2-6 中，該股的整體價格走勢呈寬幅震盪狀，在一波震盪反彈上漲中，股價到
達箱頂阻力位。如圖中的標注所示，股價出現了突兀式的放量長陽線形態，放量效果
明顯，達到了此前均量的 3 倍以上；次日量能突然萎縮，是股價上攻受阻的訊號，預
示著一波大幅調整走勢將展開。在實盤操作中，我們應賣股離場，從而規避短線風險。

▲圖 2-6　中國衛星 2019 年 3 月至 11 月走勢圖

💰 2.2.4　回檔反衝突兀式放量

回檔反衝是指，股價在第一次衝高之後出現了大幅回檔，隨後股價二度上衝，接
近前期高點時，成交量突兀式放大。

回檔反衝過程中的突兀式放量是短線賣壓沉重、股價難以突破上行的訊號。此
外，在這一位置點的突兀式放量多與主力出貨行為相關，特別是在股價中期累計漲幅
較大的情形下。在實盤操作中，我們一旦發現個股次日成交量大幅縮減、量能呈突兀

式放大，則應考慮果斷賣出。

圖 2-7 為波導股份的走勢圖，股價一直在持續上漲並且創出新高。股價累計漲幅已經很大，隨後出現大幅調整、股價二度反衝，但同時出現了突兀式放量，這是一個中短線的賣股訊號。

▲圖 2-7　波導股份 2019 年 2 月至 8 月走勢圖

2.3

大單交易頻繁：
連續式放量

💰 2.3.1　連續式放量的成因

從形態上來看，連續式放量至少能保持 3 個交易日以上，而且放量程度較為接近。在盤面上可以陸續看到較大的賣盤、買盤出現，盤中交投十分活躍、大單交易頻繁。連續式放量出現時，當日的成交量會顯著高於此前的均量，股價波動劇烈。

連續式放量常出現在高位區，或一波快速上漲走勢中。但當連續式放量開始出現縮量時，往往就是中短線見頂的訊號。實盤操作中它是警惕我們的反轉訊號之一。

💰 2.3.2　寬幅震盪連續式放量

在股價處於上下寬幅震盪走勢中時，若成交量大幅度放出且放量效果較為接近，這就是寬幅震盪連續式放量。

若股價中線累計漲幅較大，震盪中使得股價重心下移，則是出貨的訊號，我們應逢高賣出；若股價中線累計漲幅較小，震盪中使得股價重心緩緩上移，多預示著主力持有籌碼有所增加，後續有望進一步拉升股價。在實盤操作中，我們可以在震盪回落時的低點買入進行佈局。

可以看到在圖 2-8 中，股價在脫離低位區時，頻繁出現漲停板，隨後股價震盪上行，且量能明顯放大，每個交易日的放量效果都較為接近，這就是連續式放量的特徵。考慮到股價中短線漲幅較小、主力成本較低，在震盪時，股價重心不斷上移，說明買盤力度更強。因此，若大盤配合，股價有望在主力的參與下進一步上漲。在實盤操作中，我們應在震盪回檔時買股佈局。

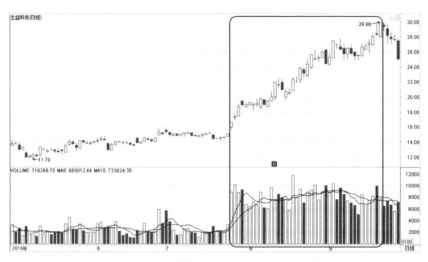

▲圖 2-8　生益科技 2019 年 4 月至 9 月走勢圖

💲 2.3.3　短線飆升連續式放量

短線飆升走勢中，出現連續式放量時的股價上漲並不具有持續性，股價的上攻走勢多為一波到頂，一旦量能開始縮減或者股價上攻受阻，我們應中短線賣出。特別是當這種短線飆升走勢，出現在股價累計漲幅較大的情形下時，股價隨後的下跌速度極快，下跌幅度往往也極大。

圖 2-9 中出現了連續式放量上攻的形態特徵，如圖中的標注所示，高位出現了縮量、滯漲，這是一個明確的中短線賣出訊號。

💲 2.3.4　橫向整理連續式放量

在橫向的整理走勢中，股價上下波動幅度縮小，正常情況下，市場交投應有所減少，量能應有所縮減，若此時量能連續性放大且放大效果相近，則多與主力的出貨行為有關。一般來說，橫向整理走勢中的連續式放量，多出現在股價累計漲幅較大的高位區，看似個股交投活躍、承接資金踴躍，但通常是中短線見頂的訊號，主力往往在此時出貨。

圖 2-10 可以看到股價累計漲幅大，一波回檔後，雖然股價處於短線低點，但從中長線角度來看，仍處於高位區。此時的橫向窄幅整理卻引發了量能的持續性放大，這是一個短線下跌訊號，也預示著隨後的股價運行趨勢——破位下行。

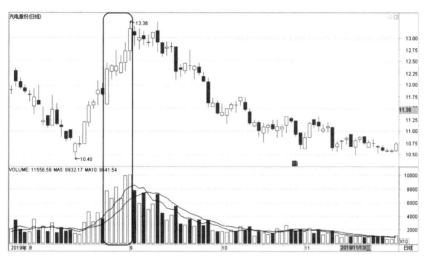

▲圖 2-9　光電股份 2019 年 7 月至 11 月走勢圖

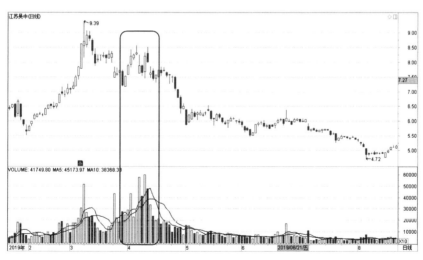

▲圖 2-10　江蘇吳中 2019 年 1 月至 8 月走勢圖

2.4

回檔走勢中的縮量，
反映投資人心態

2.4.1　回檔走勢中的縮量成因

縮量直接反映出了市場交投極為冷清，對於極度萎縮的成交量，我們可以將其稱為「地量」。縮量能更為真實地反映出市場交投行為的活躍程度。

「漲時放量，跌時縮量」是股市和個股的普遍量價特徵，這與投資人的心理特徵有關。而這種心理特徵是建立在大眾買賣特點的基礎之上的，不因個別投資人的喜好、習慣而改變。

漲時放量，是因為投資人在看到帳面有盈利時，往往有著較強的賣出意願，「獲利離場」、「擔心獲利回吐」是投資人在盈利後共有的心態，這也是散戶投資人在一檔股票中獲利很難超過 30% 的原因。因為此時的股價一旦出現波動，投資人的賣出意願是極強的。因此，要想讓股價繼續上漲，必須要有更多的買盤入場承接才行。放量，正是買盤大量入場、獲利盤不斷賣出的標誌，可以說**量能的放大，也是支撐股價站穩於中短線高點，並繼續上漲的動力所在**。

下跌（或者短線回檔）的時候，情形則正好相反。持股者在看到獲利回吐或者短線被套的情形下，總是希望能夠等到股價反彈或行情反轉時再擇機賣出，有一種「惜售」心理。而且，對於場外的投資人來說，「買漲不買跌」是一種共識，大家都喜歡強勢上漲的股票，而對於那些弱勢下跌的股票，敢於抄底入場的投資人畢竟只是少數。基於這種情況，少量的賣出在沒有買盤入場承接的背景下，就會使股價下行，從而呈現出「縮量下跌」的局面。

回檔走勢顧名思義，它出現在個股整體價格走勢呈震盪上行的背景之下。此時的縮量回檔可以看作是股價的一次短暫調整，緣於短期內買盤的跟進速度較慢、力度不

足，但並沒有打破市場上多空力量的整體對比格局。因此，在股價累計漲幅不大、整體處於震盪上行走勢中時，這種回檔時的縮量並不是趨勢逆轉的訊號。相反地，縮量回檔後的低點，還是較好的中短線入場時機，特別是在大盤向上、個股價格走勢強勁的背景下。

💰 2.4.2　上升行情回落縮量

　　上升行情，是指個股的整體價格走勢為升勢的行情，將股價短期波動過程中的相鄰低點連接起來，可以得到一條向上傾斜的曲線，即**上升趨勢線，該線與水平線的夾角為 45 度時最為穩健**。以此線為支撐，股價會震盪上行，呈現一波回落趨勢，而這僅是由於少量獲利賣出而導致的，所以才會出現縮量回落的情形。當股價接近上升趨勢線時，將獲得較強的支撐，此時量能明顯縮減、短線做空力量消耗殆盡，這時就是中短線的逢低買入時機。

　　圖 2-11 中可以看到，股價自低點位開始步入了升勢之中，股價在持續上漲之後出現了一波短線回落走勢。在回落過程中，量能不斷縮減，隨後再次放量使股價獲得了較強支撐，再度步入升勢。

▲圖 2-11　中再資環 2019 年 1 月至 7 月走勢圖

可以說，震盪上行走勢中的縮量回落，僅是一次短暫的整理，是對不穩定獲利浮額的一次整理，也給了場外投資人一次較好的逢低入場時機。當趨勢形成時，我們不宜過早地認為頂部即將出現，而應緊隨趨勢。當短線縮量回落時，若原有的上升形態依舊良好，則更宜將其看作是回檔，而不是股價走勢的反轉。

2.4.3 震盪回落波段縮量

股價走勢呈寬幅震盪態勢，股價運行沒有明確的大方向，且股價在一波短線大幅上漲之後，出現了大幅的、相對快速的下跌，下跌時量能大幅縮減，這屬於震盪回落波段的縮量。

一般來說，震盪回落波段的量能萎縮越明顯，則表明個股的空方力量越薄弱。股價的短線快速下跌，主要是由於主力不護盤、買盤入場不積極所導致的，因此，這類個股一般難以出現破位下行的價格走勢。當股價向下滑落觸及震盪區低點時，只需少量的抄底買盤入場即可止跌止穩，若有主力入場護盤，則出現一波強勢回升也是可能的。在實盤操作中，此時是一個較好的波段低點買入時機。

圖 2-12 中，該股處於寬幅震盪走勢，在股價的一波快速回落中出現了量能的大幅縮減。在隨後的止穩走勢中，我們可短線買入。

▲圖 2-12　澳柯瑪 2019 年 1 月至 5 月走勢圖

💰 2.4.4　回檔整理階段縮量

短線回落之後，較多的持股者會遇到獲利回吐或短線被套的情況，此時，持股者拋售意願大大減弱，短線做空力量釋放得較為充分，常常出現縮量整理走勢。如果此時的股價，處於較好的上升行情中或中長期的低位區間，那麼只需少量的買盤入場就能引發股價的一波上漲。縮量整理既是股價短線止穩的訊號，也是隨後股價將出現反彈上漲的訊號，是一個短線入場的時機。

圖 2-13 中可以看到，該股整體處於震盪上行的價格走勢之中，股價震盪幅度較大，此時的累計漲幅不大。如圖中的標注所示，股價短線回落的幅度較大，並且在相對低點出現了縮量止穩的走勢。結合股價的整體運行趨勢來看，縮量整理之後，股價有望再度回歸到原來的震盪上行趨勢中，這個縮量整理位置點，就是中短線買入點。

▲圖 2-13　三友化工 2019 年 8 月至 11 月走勢圖

　　圖 2-14 可以看到，在橫向震盪走勢中，股價在箱體低點出現了縮量整理，對比此前的量能大小，此時的量能萎縮較為明顯，這是在股價經歷了橫向震盪之後市場浮額大量減少的訊號。結合股價原有的升勢特徵、累計漲幅不大等情形來判斷，主力或許在震盪區間進行了加碼操作。以此來進行綜合判斷可知，該股有望在主力的參與下出現突破行情。在實盤操作中，此時是一個較好的買入點。

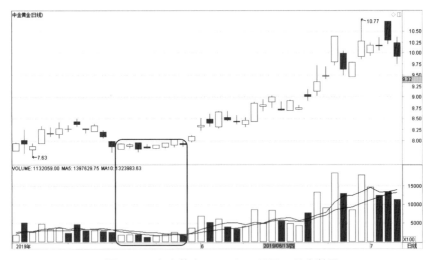

▲圖 2-14　中金黃金 2019 年 5 月至 7 月走勢圖

2.5

滯漲走勢，
應結合整體價格走勢分析

💰 2.5.1　高位滯漲區的縮量的成因

在高位區，一旦股價出現了明顯的滯漲走勢，由於缺少短線波動、短線盤交易不積極，因此多空雙方的競爭就會趨於緩和，從而出現縮量。

對於滯漲走勢，我們可以結合個股的整體價格走勢特徵來解讀。若股價的累計漲幅較大、滯漲時間較長，且形態上打破了原有的上升格局，則此時的滯漲走勢多與主力的拉升意願較弱有關，甚至緣於主力的小量出貨行為。

若股價累計漲幅不是很大，滯漲過程中也沒有出現股價重心的下移，則說明多空力量對比格局並未被完全打破，此時的滯漲多屬於整理環節，股價隨後將進一步突破上攻。

在實盤操作中，我們一要結合個股的整體價格走勢，來分析高位滯漲區的縮量的成因，二要結合滯漲過程中的股價重心移動情況，以掌握多空力量對比格局的變化。這樣才能更完善地判斷當前的滯漲，究竟是屬於上升途中的「整理環節」，或是趨勢將反轉下行的「築頂環節」？

💰 2.5.2　高位窄幅整理下移縮量

當股價經歷了中短線大幅上漲而進入高位區時，若股價走勢呈滯漲、整理狀，股價重心隨著整理走勢的持續而緩慢下滑，且量能不斷萎縮，則表明主力無意再度拉升股價，而是正在進行小量出貨。這樣的個股一旦遇到大盤「跳水」或市場環境低迷，其抵禦風險的能力是極低的，其價格也易破位下行。在實盤操作中，我們應果斷賣出。

圖 2-15 可以看到，股價中線漲幅大，在進入高位區後，股價重心緩緩下移，成交量不斷萎縮，這是小賣單源源不斷的典型盤面特徵，也是給我們的賣出訊號。

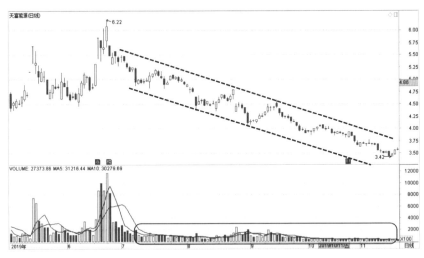

▲圖 2-15　天富能源 2019 年 5 月至 11 月走勢圖

💲 2.5.3　高位震盪區縮量

在中長期的高位區，個股整體價格走勢呈橫向震盪狀，上下震盪幅度較大，但此時的量能並沒有因股價的上下大幅波動而放大，反而出現了較大幅度的縮量。如果對比之前的上漲走勢，可以發現其量能呈極度萎縮狀態。

一般來說，出現這種盤面特徵的個股，大多是有中長線強主力參與的，主力在高位區的出貨打破了多空平衡，造成股價波動，但是投資人的高位承接意願極低，主力出貨也需要漫長的過程。極度低迷的成交量伴隨著股價的上下大幅度波動，表明市場浮額並不是很多，主力的參與能力仍舊較強。

在股市做多氛圍濃郁的背景下，主力或許會進一步拉升股價，畢竟股價越高、主力越主動，但這種情形很少見。更為常見的情形是主力獲利幅度極大，而高位區出貨太慢，主力往往會大力出貨。因此，這類個股在大盤做多氛圍不強的背景下，出現股價破位下行的機率較大。

圖 2-16 可以看到股價因利多消息，在幾次大漲之後進入了中長期高位區，累計

漲幅極大。此時的股價走勢呈橫向寬幅震盪狀、上下波動幅度大，但同期的成交量卻有所萎縮。從股價走勢來看，主力無意拉升股價；從量能的角度來看，該股交投極度不活躍，主力在高位區出貨較為困難。同期的股市又較為低迷，成交量屢創近期新低，在這種市場環境下，這種在高位震盪區出現縮量的個股，其價格易破位下行，我們應及時賣出離場。

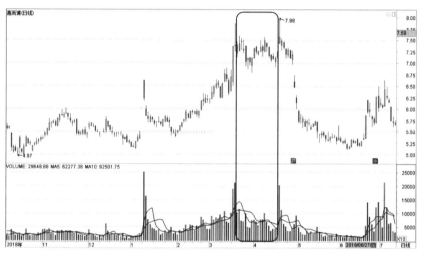

▲圖 2-16　惠而浦 2018 年 10 月至 2019 年 7 月走勢圖

💰 2.5.4　強勢股整理區縮量

　　高位滯漲區中的「高位」是一個相對概念，在股價累計漲幅不大的時候，若此時與起漲點的低位相比已有一定漲幅，但上漲幅度在一倍以內，這也是一個高位。但在這個位置點，主力可能不會出貨，因為此時既沒有足夠的出貨空間，也難以吸引跟風盤追漲買入。

　　在這樣的位置點出現縮量滯漲形態時，若股價前期走勢獨立、上漲阻力較小，並且在橫向滯漲走勢中未出現股價重心下移的情形，則多是橫向的整理並非築頂，　且多方力量積蓄完畢，新一輪的上攻行情會隨即展開。

　　以圖 2-17 對照同期的大盤走勢，可以發現，個股前兩波的上漲走勢很獨立、強勢股特徵明顯。但每一波上漲幅度都不是很大，每一次突破上攻後股價都以橫向盤整

的態勢出現，這使得股價的累計漲幅並不是很大。

　　隨後，股價開始長時間的橫向整理，量能大幅縮減，基於該股之前的走勢特點，可判定這是整理階段。量能的大幅縮減代表著主力參與能力較強、市場浮額較少。在實盤操作中，我們可將此時的整理階段作為中短線入場點。

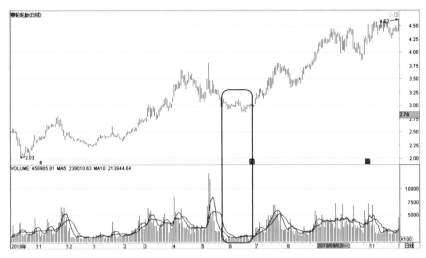

▲圖 2-17　賽輪輪胎 2018 年 10 月至 2019 年 12 月走勢圖

2.6

下跌趨勢的典型量價關係：
跌勢無量

💰 2.6.1　下跌途中的縮量成因

對於大多數個股來說，當其價格步入下跌後，其量能將持續地處於一種相對萎縮的狀態，「跌勢無量」是下跌趨勢中典型的量價關係。之所以如此，是因為當個股或股市步入跌勢後，財富效應消失，場外的投資人入場意願大大降低。

場內投資人都希望能在更低的價位時進行抄底，此時只需少量的虧損盤「割肉離場」，就可以使股價降低，由此形成了縮量下跌的總體格局。只要跌勢中的量能一直保持縮減狀態，縮量下跌格局未被打破，則跌勢就不會輕易見底。

此外，由於上升趨勢造成的個股估值普遍偏高，而價格又是圍繞價值上下波動的，因此這也是價值回歸的過程。

💰 2.6.2　破位下行時縮量

股價在高位區間出現橫向震盪走勢時，若在其向下跌破盤整區時出現了縮量，則表示經歷震盪之後，空方佔據了主動地位，且場外買盤入場的意願極低，股價向下運行無支撐。這是股價步入下跌趨勢的訊號，也預示著股價隨後的中短線跌幅較大，在實盤操作中，我們應及時賣股離場。

由圖 2 18 可以看到，股價在高位區出現了短期的盤整走勢。此時，趨勢運行不明朗，但是隨後的縮量破位則提示我們：股價已選擇了運行方向。

▲圖 2-18　中鋁國際 2019 年 5 月至 11 月走勢圖

2.6.3　下跌行進中縮量

下跌行進中的縮量，代表空方依舊佔據主動地位，買盤入場不積極，此時，跌勢難以見底。在實盤操作中，我們此時仍應多看少動，靜待底部出現。

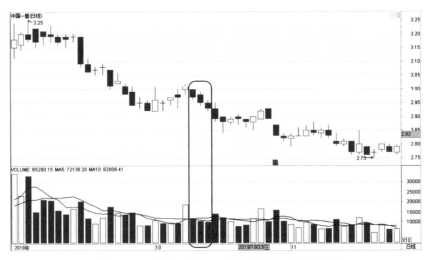

▲圖 2-19　中國一重 2019 年 9 月至 11 月走勢圖

　　圖 2-19 中，股價自高位區快速反轉向下，短線跌幅較大，下跌趨勢明朗。在下跌途中，出現了多條縮量小陰線，但這並不是賣壓減輕的訊號，我們應將其理解為買盤入場意願低。而且，下跌途中的多條縮量小陰線，是主力在下跌途中快速出貨的一種常見的買賣方式的展現，在實盤操作中，我們此時切不可抄底入場。

2.6.4　巨幅下跌後縮量

　　巨幅下跌之後股價可能已中期見底，但也可能只是短期見底。在實盤操作中，我們一要看股價的累計跌幅，二要看縮量止穩時的股價重心變化情況。

　　如果股價累計跌幅較大，且在縮量止穩時股價重心不下移，這往往是趨勢見底的訊號，我們可以逢低買入，耐心持有；在股價短線跌幅較大，但在累計跌幅不大的情況下，縮量止穩時又有股價重心下移的現象，則表示空方依舊佔據主動地位，此時的止穩並不是跌勢見底的訊號。在實盤操作中，我們可結合大盤實施短線搏反彈的操作，但不宜進行中長線的買入操作。

　　如 2-20 圖中的標注所示，股價的中期累計跌幅極大，在縮量止穩過程中，這是買盤陸續入場、賣壓減輕的標誌，也是底部區多空力量對比格局發生轉變的訊號。因此，此位置區出現反轉上行趨勢的機率較大。在實盤操作中，我們可以積極買入，等

▲圖 2-20　江泉實業 2019 年 4 月至 10 月走勢圖

待行情反轉向上。

　　由圖 2-21 可以看到，股價自高位區開始向下破位，雖然短線跌幅大，但累計跌幅不大，縮量時股價重心有所下移，這是空方依舊佔據主動地位的標誌。此時，我們不可買股入場，因為這個區位只是下跌途中的整理階段，一旦大盤出現震盪，股價將再度破位下行、擴大跌幅。

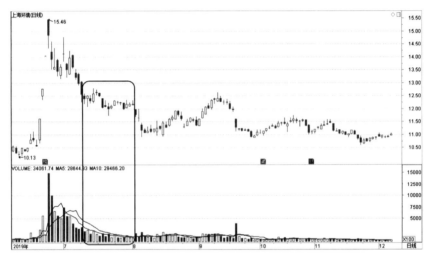

▲圖 2-21　　上海環境 2019 年 6 月至 12 月走勢圖

第 **3** 章

用均線結合量價，
操作「中短線交易法」！

3.1

葛蘭碧的 8 大買賣法則

　　趨勢決定著交易方式：是以買進持有為主，還是進行快進快出的波段交易。當股價運行的大方向相對明確之後，**我們可以借助一系列的技術工具來把握買賣點，而均線無疑是研判、把握趨勢的最佳工具之一**。在第 1 章中，我們已經講解了利用均線來分析趨勢的方法。在本章中，我們將進一步結合量價配合、趨勢各環節的量能特徵等要素，在暫不考慮主力參與的基礎上，來看看如何展開順勢而為的中短線交易。

　　由於主力的參與可能會打破多空平衡關係、改變籌碼分佈狀態，因此，有主力參與的個股，往往會呈現出一些不同於大多數個股在自然交投下的量價配合關係。以本章內容瞭解趨勢下的量價關係後，筆者將在第 4 章進一步解讀有主力參與的個股量價形態。

　　在結合趨勢運行的基礎之上，技術分析大師葛蘭碧系統性地對移動平均線總結了8 條買賣法則，其中既有短線買賣點，也有中長線買賣點，該法則是我們把握趨勢運行、展開實盤交易的重要參考指標。在實盤交易中，我們還需要結合量能變化情況來加以驗證，這樣才能獲得更高的成功率，更為精準地把握買賣點。

3.1.1　葛氏均線買賣法則示意圖

　　圖 3-1 為葛蘭碧均線買賣法則示意圖，圖中標示了葛蘭碧均線上的 8 個買賣點，其中較細的曲線代表股價走勢（也可能用短期均線 MA5 來代替），較粗的曲線代表中長期均線 MA30。在隨後的各個專題中，筆者將以量價配合為基礎，結合圖 3-1 中的買賣點展開實盤講解。

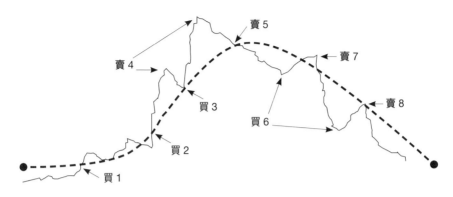

▲圖 3-1　葛蘭碧均線買賣法則示意圖

💰 3.1.2　低點放量上穿 MA30

低點放量上穿 MA30 形態，對應圖 3-1 中的「買 1」。在中長期低位區間，股價走勢止跌止穩、橫向震盪。此時，股價向上運行，由 MA30 下方向上突破 MA30 並且出現明顯放量，代表著多方力量已經增強、買盤入場積極，有望出現行情反轉，我們此時可以實施中短線買入操作。

由於個股此時處在低位區，因此放量穿越 MA30 時，以溫和式放量形態為最佳。量能的放大有一個連續過渡的變化過程，而這正是買盤踴躍入場、多方力量充足的標誌，也是多空力量對比格局完全扭轉的訊號。

由圖 3-2 我們可以看到，股價在低位區橫向止穩，股價重心有緩慢上移的趨勢，隨後的一波小幅度回落使得股價運行於 MA30 下方。緊接著一波放量上攻，使得股價向上穿越了 MA30，這是中長期趨勢開始上行的訊號，也預示著上升行情有望出現。當股價放量向上穿越 MA30 時，此時可以作為中長期的買股入場點。

💰 3.1.3　攀升回檔放量反穿 MA30

攀升回檔放量反穿 MA30 形態，對應圖 3-1 中的「買 2」。在上升途中，股價震盪運行於 MA30 上方，上升較為平緩，股價沒有向上遠離 MA30，一波回檔下跌，使得股價向下跌破了 MA30。隨後，當股價再度向上穿越 MA30 且以量能放大為支撐時，表明買盤資金充足，預示著新一輪上攻行情的出現，這是中短線買股入場的時機。

　　圖 3-3 中，可以看到股價緩慢攀升，股價重心緩緩上移，但一波回落打破了原有的趨勢運行節奏。隨後股價再度放量上穿 MA30，這就是新一波上攻走勢出現的訊號，我們此時可以中短線買股入場。

▲圖 3-2　林洋能源 2019 年 6 月至 9 月走勢圖

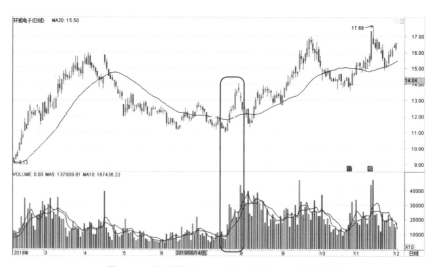

▲圖 3-3　環旭電子 2019 年 2 月至 12 月走勢圖

💲 3.1.4　快漲後回落至 MA30 縮量

快漲後回落至 MA30 縮量形態，對應圖 3-1 中的「買 3」。在上升途中，股價走勢快速上揚，股價向上且明顯遠離了 MA30。隨後，股價回落，當其回落至 MA30 附近時出現了明顯的縮量，這是短期內空方力量大大減弱的標誌，也是股價遇到較強支撐的訊號，我們此時可以短線買入。

由圖 3-4 可以看到，股價沿 MA30 穩步攀升，股價重心不斷上移，正處於上升趨勢中。在此背景下，短期內出現了一波上漲，使股價向上遠離了 MA30，我們此時應注意風險，因為股價有再度回落至 MA30 的趨勢。

如圖中的標注所示，一波回落後，股價在盤中跌至 MA30 附近，量能也明顯萎縮，這正是短期內空方力量減弱的訊號，我們此時可以進行短線買股操作。

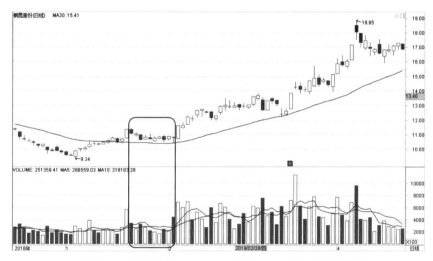

▲圖 3-4　桐昆股份 2018 年 12 月至 2019 年 4 月走勢圖

💲 3.1.5　向上遠離 MA30 滯漲放量

向上遠離 MA30 滯漲放量形態，對應圖 3-1 中的「賣 4」。上升途中，一波快速上揚走勢後，股價向上遠離了 MA30。短線的快速上漲使得市場處於超賣狀態，如果此時出現短線滯漲且量能未見縮小，表明市場賣壓較為沉重，我們此時應短線賣出。

由圖 3-5 可以看到，股價一直穩健地運行於 MA30 附近，一波快速上攻使得股價向上遠離了 MA30。此後股價連續多日無力上攻，但這幾日的量能均保持著較大的態勢，這是短線賣壓重、股價將要回檔的訊號，我們此時應短線賣出。

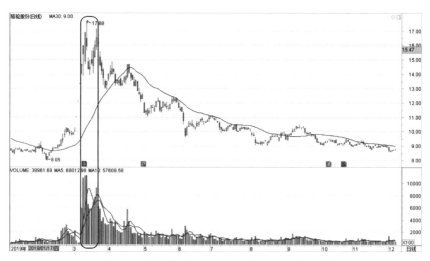

▲圖 3-5　駱駝股份 2019 年 1 月至 12 月走勢圖

💰 3.1.6　高點持續回落破 MA30

高點持續回落破 MA30 形態，對應圖 3-1 中的「賣 5」。該點預示著趨勢的轉向。在累計漲幅較大的高位區，股價回落向下運行。若出現了股價下跌並穿過 MA30 的運行方式，則無論當時的破位下行是否出現放量，都是多空力量對比格局轉變的訊號，也是中期頂部出現的標誌。此時，我們應進行中長線的賣股操作。

由圖 3-6 可以看到，在股價累計漲幅較大的高位區中，股價滯漲滑落，隨後以一條長陰線向下跌破了中期 MA30。這是趨勢開始轉向下行的訊號，對於中長線的投資人來說，應及時賣股離場。

一般來說，在高位區，股價緩慢下滑並跌破 MA30 的走勢的短線，其殺傷力最大。因為緩慢的下跌不會讓個股處於短期超跌狀態，股價反彈空間很小，無論中線還是短線，我們此時若「抄底」入場，很有可能被套牢。實盤中，股價回落至 MA30 附近時的運行方式是極為重要的，這也是我們在實盤操作中應多加注意的。

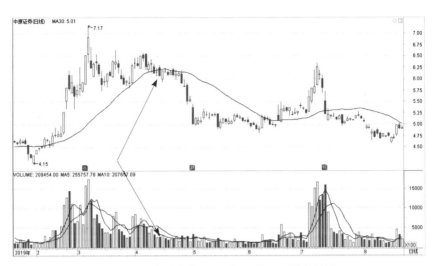

▲圖 3-6　中原證券 2019 年 1 月至 8 月走勢圖

💰 3.1.7　向下遠離 MA30 後放量

　　向下遠離 MA30 後放量形態，對應圖 3-1 中的「買 6」。在下跌途中，股價位於 MA30 下方，MA30 也處於下行狀態。一波短期快速下跌，使得股價向下且明顯遠離了 MA30，此時的市場處於超賣狀態。若此時還有相對放大的量能，則代表著短期內的賣盤大多已離場，市場賣壓有望快速減輕。此時，只需要少量的買盤資金推動，一波反彈行情就會出現。在實盤操作中，我們可以短線買股入場，獲取反彈收益。

　　圖 3-7 的高位區中，股價在 MA30 附近運行，最終因空方力量更強使股價向下跌破了 MA30。如圖中的標注所示，短期內一波快速下跌之後，股價向下遠離了 MA30，此時的量能也明顯放大。這是短期內賣盤已悉數離場的訊號，預示著走勢有望出現反轉，是短線抄底、獲取反彈收益的訊號。

　　一般來說，在實盤中股價在第一次快速跌破高位區、向下遠離 MA30 時，若大盤沒有出現系統性風險，那此時出現的放量下跌所預示的反彈機率最高、空間更大。因為之前的高位盤整走勢並沒有讓市場做空思維「一面倒」，所以雖然此時的空力力量已明顯佔優勢，但多空分歧依舊較為明顯，股價難以在第一次破位時就快速進入下跌趨勢，此時正是獲取短線利潤的好時機。

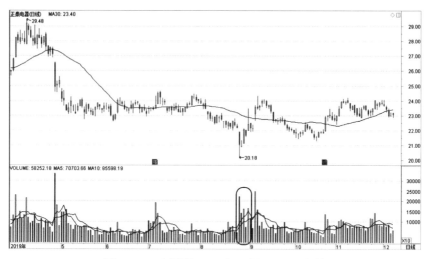

▲圖 3-7　正泰電器 2019 年 3 月至 12 月走勢圖

💰 3.1.8　反彈穿越 MA30

反彈穿越 MA30 形態，對應圖 3-1 中的「賣 7」。在下跌途中，均線系統呈空頭排列，一波反彈上漲使得股價向上穿過了 MA30。隨後，當股價開始調頭向下或者向下穿過 MA30 時，是反彈行情結束的標誌，我們應及時賣股離場。

此賣點無明顯的量能特徵，在股價反彈穿過 MA30 時，量能可以相對放大、也可以相對縮小，其市場含義都是相近的。在無重大利多的情形下，趨勢的轉變有一個循序漸進的過程，難以快速扭轉。

由圖 3-8 中可以看到，該股價格處於震盪下跌走勢，股價位於 MA30 的下方，這是市場中空方力量一直佔據主動地位、股價運行趨勢向下的標誌。如圖中的標注所示，一波反彈走勢使得股價向上穿過了 MA30，但這並不是趨勢轉向上行的訊號，而多預示著「曇花一現」的反彈行情。我們此時應短線賣出，以規避出現新一輪下跌行情的風險。

💰 3.1.9　反彈至 MA30 遇阻

反彈至 MA30 遇阻形態，對應圖 3-1 中的「賣 8」。在下跌途中，一波反彈使得

股價向上運行至 MA30 附近，並在 MA30 附近受到強力阻擋，此時，我們應賣股離場。一般來說，在反彈至 MA30 附近時，量能會相對縮小、股價滯漲，這是買盤入場力度不足的標誌，也是反彈結束、新一輪下跌行情將出現的訊號。

由圖 3-9 中可以看到，股價在高位區跌破 MA30 後，趨勢已反轉向下。如圖中的標注所示，一波震盪反彈走勢出現，股價反彈至 MA30 時遇阻，量能一直保持著相對縮小狀態，買盤入場力度明顯不足，趨勢未發生轉變，此時我們應及時賣出。

▲圖 3-8　中煤能源 2019 年 4 月至 8 月走勢圖

▲圖 3-9　永輝超市 2019 年 8 月至 12 月走勢圖

3.2

趨勢中的築底及
升勢量能特徵

在不考慮主力參與的情況下，在趨勢運行的典型位置區間，如底部區、頂部區、上升途中、下跌途中等，由於多空雙方力量對比格局的轉變，及競爭力度的變化，會出現一些較為特定的量價形態。

雖然這些量價形態並不是趨勢運行的必要條件，但由於它們的出現頻率較高、形態特徵較為明顯，對於我們辨識、把握趨勢有重要的實戰意義。在本節中，我們將結合趨勢運行，來看看不同位置區間的常見量價形態。

💰 3.2.1　底部區量能特徵

真正的底部區是縮量的，因為底部區總是在市場最低迷的時候開始構築，若沒有明顯的消息及外在因素驅動，底部區的構築會是一個相對漫長的過程。這時，股價原有的下跌趨勢運行緩慢，個股處於明顯被低估的狀態。由於買盤並沒有大量入場，暫時無法推動股價持續上漲，但股價有跌不下去的趨勢。

隨著底部區的持續構築，原有的跌勢被打破，市場也漸漸活躍起來，買盤入場意願開始加強、持股者拋售意願減弱，多空力量對比格局出現了轉變。當個股由「無量築底」轉而變成「放量震盪、緩緩攀升」的形態時，多預示著底部區將要構築完畢，距離股價突破上行的時間越來越短。

此時正是中長線投資人入場的最佳時機，在實盤操作中，我們可以在放量震盪中的波段低點買入，既可以結合股價波動獲取短線利潤，也可以結合大盤走勢耐心持股待漲。

由圖 3-10 中可以看到，在中長期的低位區股價縮量止穩，此時的量能明顯縮減、

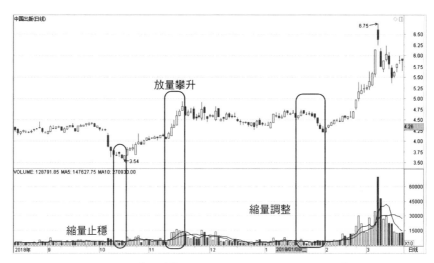

▲圖 3-10　中國出版 2018 年 8 月至 2019 年 3 月走勢圖

股價重心不再下移，這是空方已不再佔據主動地位的標誌，也是股價開始築底的訊號。

隨後，因買盤積極入場、股價放量攀升，這是股價走勢脫離底部區的訊號。當股價再次縮量調整時，就可確認是上漲趨勢中的回檔。在實盤操作中，放量攀升中的中短期大幅調整低點，就是一個極好的買入時機。

底部區出現在股價大幅下跌之後，一般來說在這一個區域，股價有效止穩，同時成交量溫和放大。這種量價配合關係既是買盤開始大量入場的標誌，也是賣盤無賣出的標誌，也就意味著底部區的出現。

💰 3.2.2　整體式量價齊升

量價齊升是個股（特別是大盤指數）在步入升勢後最典型的量價特徵之一。量價齊升形態是指隨著股價的不斷上漲，成交量也不斷放大，兩者均不斷地創出新高，呈同步關係。它是量能形態的整體性表現，在股價不斷上漲的過程中，量能的放大也越來越充分。

量價齊升形態正是市場買盤資金充足、股市上漲動力強勁的表現，也說明當前的股市或個股價格的上漲，是由於充足的買盤資金的推動，為升勢牢靠並仍將持續的訊

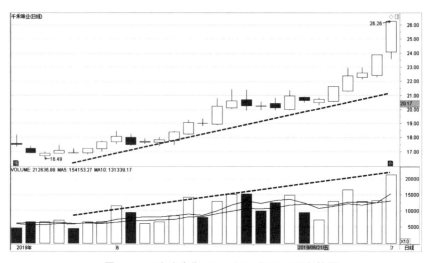

▲圖 3-11　千禾味業 2019 年 5 月至 7 月走勢圖

號。在實盤操作中，當股市或個股在上升途中出現了這種量價齊升形態後，我們應耐心地持股待漲，以便最大限度地獲取升勢所創造的利潤。

　　圖 3-11 中可以看到，隨著股價的攀升，整體的成交量也在不斷放大，價與量不斷創出新高。這就是量價齊升形態，是升勢持續的標誌，也是持股待漲的訊號。

　　對於量價齊升形態來說，隨著量能的不斷放大，市場在高位區的多空分歧也不斷加劇。一旦量能無法繼續放大，且股價跌破原有的上升通道，這往往是趨勢反轉的訊號，我們應做好獲利離場、減碼降低風險的準備。

3.2.3　波浪式運行的縮放量

　　美國證券分析家拉爾夫·納爾遜·艾略特（R. N. Elliott）在研究道瓊工業指數走勢後，發現股市的走勢呈現出一種「自然的韻律」，其形態就如同大海中此起彼伏的波浪，基於此發現，艾略特提出了著名的波浪理論（Wave Theory）。

　　波浪理論指股價以「5 升 3 降」的 8 浪迴圈方式運動，即股價的總體運行特徵會呈現「波浪式」，特別是當股價震盪上升時，波浪式的震盪上升是最為常見的上升方式。

　　與股價的波浪式運行方式相對應的，就是「波浪式量能」，即上漲波段量能放大，

緊接著的回檔波段量能則相對縮小。而且，隨著股價的總體攀升，上漲波段的量能也會進一步放大，當上漲幅度較大時，此時也是市場多空分歧過於劇烈的訊號，預示著股價離頂部越來越近，我們應注意控制好倉位、鎖定利潤。

　　圖 3-12 中可以看到，股價呈波浪式上漲，成交量的變化也是波浪式的。如圖中的標注所示，在上漲過程中，隨著股價創出新高，上漲波段的量能也創出近期的新高，這是上升趨勢中的「波浪式量能」典型特徵之一。

▲圖 3-12　音飛儲存 2019 年 7 月至 11 月走勢圖

💰 3.2.4　「活躍式」量能形態

　　「漲時有量，跌時無量」是股價運行的常態，上升途中不一定會出現明顯的「量價齊升」、「後量大前量」等經典量價形態。但是，在沒有主力參與、市場籌碼相對分散的情形下，股價要想持續上漲，就一定要有充足的買盤入場來緩解不斷加劇的多空分歧。展現在盤面上，就是整個上升途中的成交量保持著一種十分活躍的狀態。

　　圖 3-13 中可以看到，在同期大盤橫向震盪運行的背景下，股價逆勢上揚，出現了獨立的上攻走勢。上攻走勢會引發明顯的多空分歧，獨立的上攻走勢需要更多的買盤力量。因此，在整個上攻過程中，成交量一直保持著一種十分活躍的放大狀態，這是上攻動力充足的標誌，也是升勢得以持續的根本。

▲圖 3-13　海汽集團 2019 年 9 月至 12 月走勢圖

3.3

趨勢中的見頂及築頂量能特徵

持續上漲至多空力量對比格局發生轉變時，升勢就步入了見頂及築頂階段，此時的量價形態會發生一定轉變。無論是從整體角度，還是從局部角度，正確地辨識量能特徵，將有助於我們能夠及時地鎖定利潤、逃離頂部。

3.3.1　價創新高量相對縮小

價創新高量相對縮小形態也稱為「量價背離」形態，它是指股價在上漲過程中創出了新高價。但這一上漲波段的成交量，卻明顯小於此前上漲波段的成交量，即價格與成交量無法保持同步放大的狀態。

在持續上漲之後的高位區，一旦個股在運行中出現了這種量價背離形態，則標誌著買盤入場力度已大不如前。股價之所以能夠創出新高，只是因為多頭思維仍舊佔主導地位，市場賣壓不重，但沒有買盤推動的上漲是難以站穩於高點的，這種形態也是升勢根基不牢固的標誌。此時，若股價走勢出現滯漲，將導致多空分歧加劇，股價走勢反轉下行的機率極大。

圖 3-14 在股價穩健攀升的途中，我們可以看到明顯的「量價齊升」形態，這是升勢持續的標誌，但是，隨著股價上漲，高位區的量價配合形態出現了轉變。如圖中的標注所示，這一上漲波段中股價創出了新高，但成交量遠小於前一上漲波段，這是量價背離形態，預示著升勢見頂。在實盤操作中，量價背離形態出現後，我們應及時賣出該類股票。

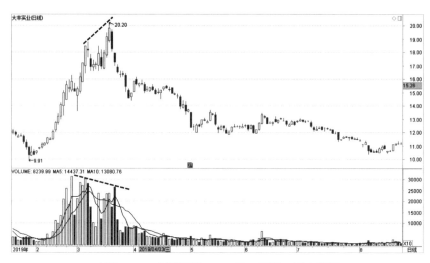

▲圖 3-14　大豐實業 2019 年 1 月至 8 月走勢圖

🤲 3.3.2　整體式縮量震盪

　　上升趨勢的持續得益於買盤的踴躍入場，當入場資金無法跟進而股價又在高位區出現滯漲時，這便是多空力量對比格局發生轉變的訊號。表現在盤面上，就是前期上漲時的量能保持著活躍的狀態，而在高位區量能卻相對縮小了。量能縮小得越明顯、持續縮小的時間越長，就代表著多空力量轉變得越明顯，這是頂部出現、趨勢即將轉向的訊號。

　　圖 3-15 在股價的整個上升途中，我們可以看到成交量一直保持著活躍的放大狀態。隨後，股價進入高位區並橫向震盪，此時成交量大幅縮減，且上下震盪幅度較大。這種「整體式縮量震盪」形態出現在大漲之後的高位區，它是頂部出現的訊號。在實盤操作中，我們應此時減碼（或清倉）離場，鎖定利潤。

🤲 3.3.3　天量長陰線

　　在股價短線漲幅較大、漲速較快的背景下，突然出現了一條長陰線，且當日的量能遠高於此前上漲時的均量水準，這就是天量長陰線，它的出現往往預示著一輪快速下跌行情的到來。在實盤操作中，應在第一時間賣股離場，以迴避風險。

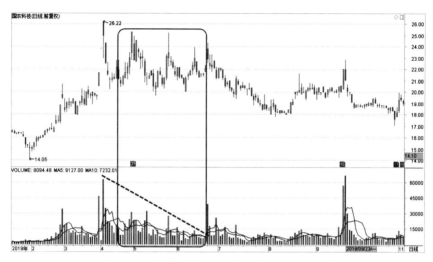

▲圖 3-15　國農科技 2019 年 1 月至 11 月走勢圖

　　圖 3-16 在股價短線飆升過程中，突然出現了開高走低的長陰線，且當日放出天量，這就預示著行情的急轉直下。在所有的築頂形態中，這種天量長陰線所預示的中短線跌幅往往最大、跌勢往往最強。在實盤操作中，這是應重點注意的形態，若我們不能果斷賣出，很有可能在高點被套牢。

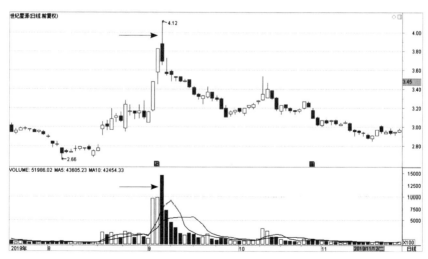

▲圖 3-16　世紀星源 2019 年 7 月至 11 月走勢圖

3.4

趨勢中的跌勢及
反彈量能特徵

「漲時有量，跌時無量」，下跌途中的縮量或者不放量，是跌勢持續的重要訊號。股價重心下滑、量能未明顯放出、股價走勢未見止穩，一般來說多預示著跌勢仍將持續下去。在本節中，我們將結合實例來看看跌途中常見的量價關係。

3.4.1　跌途無量

震盪下滑的股價伴以量能的相對縮小，這是整個下跌趨勢中最主要的量價形態，特別是在累計跌幅不大的情形下，若個股仍以這種量價形態為主，則不可抄底入場。

圖 3-17 的股價自高位破位下行，步入跌勢。如圖中的標注所示，連續下跌使得股價重心緩緩下移，同期成交量保持著一種相對縮小的狀態，這時的縮量下跌表示跌勢仍會持續較長時間。在實盤交易中，對於中短線投資人來說，這個位置點不宜進入。

隨著累計跌幅的擴大，股價運行止穩，最為重要的是量能大幅放大，這才是階段性底部出現的訊號，也是中短線投資人獲取反彈行情利潤的入場時機。

3.4.2　不放量弱勢反彈

跌勢並不是「一波到底」的，與上升趨勢相同，它也是一個反覆震盪的過程，在下跌途中會伴有反彈波段。**反彈與反轉不同，反彈只是市場短線超跌引發的短暫行情，並不是由多空力量對比格局轉變而引發的**。因此，反彈時的量能一般不會放得過大，反彈常常以無量（或者是相對不放量）的形式出現，這也是我們用來辨識反彈與反轉的重要特徵。

　　由圖 3-18 可以看到，在下跌途中股價出現了震盪止穩走勢。如圖中的標注所示，在股價的短期上漲波段中，成交量未見放大，這是買盤入場量較少的標誌，預示著此波上漲趨勢的性質屬於反彈，而非反轉。

▲圖 3-17　飛亞達 A 2019 年 3 月至 11 月走勢圖

▲圖 3-18　富奧股份 2019 年 4 月至 8 月走勢圖

3.5

趨勢關鍵點量能特徵

　　股市中常說的「無量無行情」，指在確定一輪行情發展的關鍵位置點時，如突破點、破位點、反轉點等，除了股價走勢的配合，往往還需要量能來驗證，在量能的配合下，這些關鍵點才能夠被更好地確定下來。依據量能的縮放形態，結合股價的走勢特徵，我們能更瞭解當前股價走勢的市場含義，從而判斷突破、破位、反轉走勢的可靠性。

💲 3.5.1　突破點托底量的兩種形態

　　突破點托底量是股價突破盤整區時常見的量能特徵，它是買盤大量湧入、市場獲利賣壓得到有力承接的標誌。從形態上來看，在股價向上突破盤整區時，托底量的表現方式主要有以下兩種。

　　一是單日（或雙日）托底量放大。突破當日（或突破時的連續 2 個交易日）成交量明顯放大，放量幅度為之前均量的 2 ～ 3 倍（並不是超過 4 倍以上的天量）。在隨後的交易日中，股價強勢止穩、量能明顯縮小。

　　二是單日放量幅度極大，為此前均量的 4 倍以上。隨後數日量能相對縮小，但仍明顯高於此前的均量，且股價強勢止穩。

　　這兩種托底量形態，都是真實的市場買盤入場承接的表現方式，只要股價的中短線累計漲幅不大，一般來說，隨後的突破上升空間將是較大的。在實盤操作中，在托底量形態出現之後，我們可在突破後的短期強勢止穩區域逢震盪低點買入股票。

　　圖 3-19 中可以看到，在股價突破窄幅整理區時，出現了單日托底量放大的形態。隨後股價在突破點位強勢止穩，量能也沒有萎縮。此案例對應本小節中的第一種托底

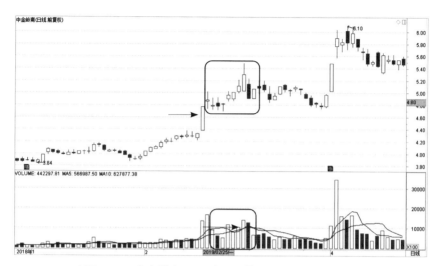

▲圖 3-19　中金嶺南 2018 年 12 月至 2019 年 1 月走勢圖

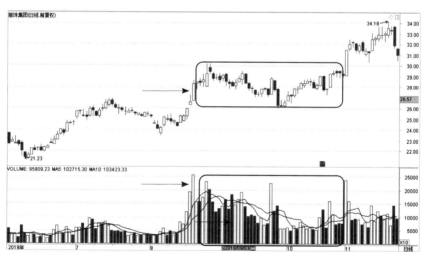

▲圖 3-20　麗珠集團 2019 年 6 月至 11 月走勢圖

量表現方式。

　　這種單日（或雙日）的托底量放大對突破走勢形成支撐，常出現在有業績或題材支撐的個股上，它是多方主力資金合力拉升股價的訊號，預示著新一輪上攻行情的展開。

圖 3-20 中可以看到，在股價突破當日，單日放量幅度很大，超過了此前均量的 4 倍。隨後在突破點的止穩運行中，量能仍舊處於明顯的放大狀態，只是與突破日的量能相比縮小了。

這種突破點量價配合形態，常出現在短線主力快速進貨的時候。在強勢盤整之後，短線主力進貨達到一定程度時，個股有望迎來短線飆升行情，此時則是一個難得的短線買入時機。

3.5.2　突破點連續性放量

在股價突破過程中，也可以連續數日放量，代表著買盤資金的持續入場，放量大小一般為此前均量的 2 ～ 3 倍。在實盤操作中，連續放量突破後，我們可以觀察幾日，若出現股價強勢止穩，則於止穩平台買入；若出現股價短線回檔，則逢回落之機買入。

圖 3-21 中可以看到，在股價突破低位平台區時，該股出現了連續 5 個交易日的相對放量。量能放大效果溫和，股價短線上漲幅度不大，隨股價再次突破此處放量高點，這是中短線入場的絕佳時機。

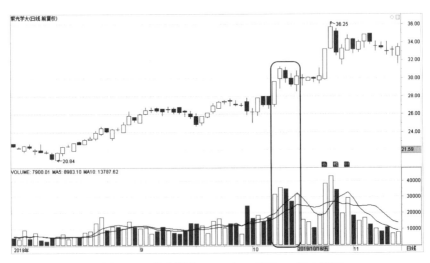

▲圖 3-21　紫光學大 2019 年 7 月至 11 月走勢圖

💰 3.5.3　放量突破後縮量回落

在突破盤整區之後，股價有兩種常見的短線運行軌跡。一是在突破點強勢止穩不回落，這常常與同期大盤穩健運行相關；二是在大盤回檔、短線獲利盤的雙重賣壓下出現了回落。只要股價不跌破放量長陽線突破當日的啟動點價格，則多表明場外做多資金仍然活躍，突破上攻行情依舊成立，此時是一個很好的中短線切入點。股價在短線回落時，一般會伴以成交量的快速縮減，這表明股價的下跌更多緣於市場獲利浮額的拋售。

圖 3-22 中可以看到，股價在低位區長期盤整之後，出現了連續性放量突破走勢，這是買盤持續入場、多方開始發力的訊號。隨後大盤回檔，受此影響股價也順勢回落，但並沒跌破突破日的啟動點，此時就是最好的短線入場時機。這個短線買入時機是大盤震盪所創造的，也給了我們更充足的短線獲利空間。

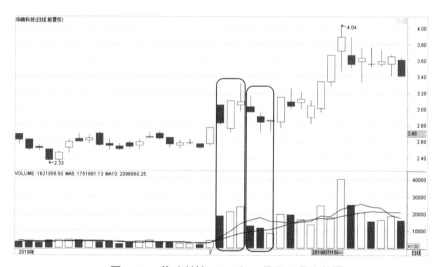

▲圖 3-22　華映科技 2019 年 6 月至 7 月走勢圖

💰 3.5.4　破位點連續縮量

在高位區盤整之後，若股價以連續的小陰線向下跌破盤整區支撐位，且量能沒有放大，這表明空方在未大量拋售的情況下，就已經佔據了主動地位，高位區的支撐非

常無力，這是趨勢折轉下行的訊號。在實盤操作中此時應及時賣出，以迴避風險。

　　圖 3-23 中可以看到，股價在長期盤整之後出現了破位走勢，連續的縮量小陰線跌破了盤整區的支撐位，這屬於縮量破位形態，是盤整區支撐點力量薄弱、破位走勢將出現的訊號。預示著之後將會有較大風險，這是提示我們應賣股離場的訊號。

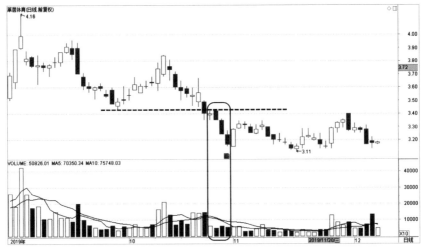

▲圖 3-23　萊茵體育 2019 年 8 月至 12 月走勢圖

💲 3.5.5　破位點單日放量

　　盤整區的破位點出現放量陰線，是賣壓重、多方承接力量不足的訊號，也是短期內空方完全佔據主動地位的訊號，多預示著中短期內可能有急速下跌行情展開，特別是當股價處於高位盤整區時，中短線的快速下跌空間更大。在實盤操作中我們應及時賣出，以迴避風險。

　　圖 3-24 為供銷大集 2019 年 3 月至 8 月走勢圖，股價以向下跳空的缺口跌破盤整平台，當日大幅放量，這是破位點的單日放量形態。空方賣壓重、股價可能出現急速下跌走勢，我們應及時賣出以迴避風險。

▲圖 3-24　供銷大集 2019 年 3 月至 8 月走勢圖

3.5.6　反轉時量能整體轉變

　　在股價走勢出現中期反轉時，量能形態往往會提前發生整體轉變，例如在原來溫和式放量的過程中，某日的成交量突然暴增，或量能形態由放量轉變為縮量等。結合股價的階段性運行情況，利用成交量形態的整體性變化，我們更能掌握行情的轉捩點。量能整體轉變的方式很多，一般來說，如果中短線的股價漲跌幅度較大，而量能形態的整體轉變較為明顯的話，多是原有行情將發生變化的訊號。下面筆者結合兩個案例加以說明。

　　圖 3-25 中可以看到，股價此前強勢上漲，成交量呈溫和放大狀。但是當日的加速上攻長陽線卻放出了天量，股價短線上漲幅度已經較大，量能又突然放大，這是量能形態整體轉變的標誌，也預示著原有的強勢上攻走勢將出現轉折，這是賣出訊號。

　　圖 3-26 中可以看到，股價在持續下跌之後，於低點止跌止穩並橫向震盪。如圖中的標注所示，在連續多個交易日裡，成交量明顯縮小，這是股價下跌過程中出現的量能整體性轉變。結合股價中短期的大幅下跌情況來看，此為中期築底的訊號，我們可以進行中短線買入操作。

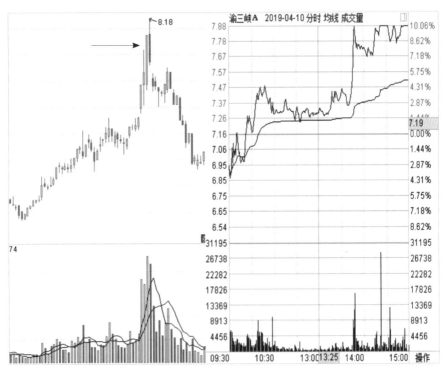

▲圖 3-25　渝三峽A 2019 年 4 月 10 日分時圖

▲圖 3-26　匯源通信 2019 年 5 月至 9 月走勢圖

第 **4** 章

跟著主力，進行低買高賣的「波段獲利法」！

4.1

什麼是主力？
他們的獲利手段是什麼？

主力，即「主要力量」，是一個和「散戶投資人」相對的概念，是證券市場中的主要力量。凡是有一定股票投資經驗的人都會認同：**無論對於股價的中長期走勢，還是對於股價的短期走勢來說，主力在其中的參與均有借鑒意義。**

對於散戶投資人來說，要想更實際認識股市運行情況，更深入瞭解成交量後面的交易雙方，那關於「主力」的內容是不可不知的。在本章中，筆者將結合主力的參與環節，以各種特徵鮮明的量價形態為突破口，講解我們應如何跟隨主力進行低買高賣的操作。

主力與散戶投資人（以下簡稱：散戶）是不同的，主力有著更為專業的知識，對股市的理解也更為深刻，因此，主力對個股的價格走勢的預判強於散戶。在本節中，我們先來看看主力的優勢有哪些。

💰 4.1.1　主力的優勢

俗話說：「知己知彼，百戰百勝」，想更理解、把握主力動向，我們首先要對主力的優勢有一個清晰的認識。主力的以下優勢是他們可以將其轉化為勝勢的關鍵，而這些優勢往往也是散戶的劣勢。

1. 資金實力強，手中籌碼多

對股價走勢的影響，程度往往取決於手中持有的股票數量及資金實力，手中沒有足夠的流通籌碼是不行的，即使一般意義上的大戶是不會有這麼多資金的，而散戶手中的資金相對來講則更少。

　　雖然主力與散戶都想透過低買高賣來獲取差價利潤，但是散戶買入的股票籌碼數量少，又無法形成合力，這註定了散戶的買賣行為是雜亂無章的，難以對股價走向形成驅動力。

　　主力在買賣股票的過程中，會將資金分成兩部分：一部分用於建倉，另一部分則用於拉升股價。這兩部分資金所佔比例是成反比的，即用於建倉的資金越多，手中的股票籌碼也越多，那麼維護股價或拉升股價時所使用的資金就會減少。而如果建倉資金較少，那市場中仍存在大量的浮額，浮額越多越不利於主力買賣股票，主力隨後拉升與維護股價時需用到的資金便會越多。

　　在實盤操作中，主力會根據個股及市場情況來買賣股票，從而確定多少資金用於建倉、多少資金用於拉升股價，儘量使自己處於主動地位。

2. 對企業的瞭解更充分，買賣行為更明確

　　主力的分析、研究能力是較為專業的，對上市公司的業績變化、發展方向、市場空間等方面的瞭解也更深入，主力的這些能力都強於一般的散戶。因此，在買賣股票時，主力的理由也更為充分，買賣行為更為明確，其成功的機率與散戶相比也更大。

3. 更有專業性，更懂得順勢而為

　　與散戶相比，主力對於整個股票市場的判斷更具有專業性，也更為理性，當然也更有耐性。在股票市場明顯被低估的時候，雖然股價走勢較為低迷，股市缺少財富效應，但主力往往能夠預見股市的回暖，從而提前操作、低位買入，這就需要有很強的耐性；當股市在過熱的市場情緒的助推下，不斷上漲進入泡沫區後，主力多能夠提前處理、減碼出局，這就需要理性。

　　雖然「低買高賣」看似是簡單的交易，但是在股票市場中，若不能克服人性的恐慌、貪婪等因素的影響，想要穩定獲利是難上加難的。主力在這方面遠遠強於散戶，主要因為主力的理性與專業性，另一方面也是因為主力擁有豐富的經驗。

4. 瞭解散戶的買賣方式、操作心態

　　在買賣方式上，散戶容易出現「追漲殺跌」的操作，在心態上，則更容易受到「貪婪」與「恐慌」這兩種極端情緒的影響。而主力對於個股的運行有著更為理性的判斷，不易受情緒影響。主力在高位出貨時，若當時的大盤氛圍好，散戶往往是承接盤，主

力再悄然出貨；當大盤較為低迷時，主力往往會更有耐心、提前操作，等待市場回暖，散戶則通常缺乏耐心與遠見。

5. 主力獲取大波段利潤，散戶獲取「蠅頭小利」

對於散戶而言，其交易十分頻繁，甚至是今買明賣，想著天天捕捉漲停板，最終卻發現所獲利潤寥寥無幾。實際情況也確實如此，很少有散戶能夠在一檔股票上賺取超過 30% 的利潤，獲利了結是散戶共通的心態，也就因此錯過一些黑馬股。

可以說，散戶過於頻繁的交易既是對自己判斷的懷疑，也無法保證利潤的穩步增長，獲取的只是股市中的「蠅頭小利」；一旦大盤跳水、股市疲軟，這些小小的利潤往往會很快「回吐」給市場，甚至最後虧損出局。

主力則不同，主力資金強、持股多，只要市場不崩塌，他就可以按部就班地買賣股票。想要低位買入，高位賣出，那麼建倉是第一步，它是主力收集籌碼的步驟；出貨是最後一步，它是主力套現離場的步驟。可以說，主力以獲取大波段利潤為目的，而不是短期內的小波段利潤，當買賣過程結束後，主力往往可以獲取巨額利潤。

💰 4.1.2　解析主力參與環節

主力的獲利手段也是低買高賣，但這「低」與「高」之間卻需要充分的上漲空間，才能保證手中巨量的股票籌碼獲利。為了完成低位買入、高位賣出的任務，主力要進行進貨、拉升、整理、再度拉升、出貨等一系列有目的且有計劃地操作，它們就是主力參與個股的過程中的環節。下面我們就以主力參與個股的前後時間順序為主軸，來看看主力參與下的各個環節。

1. 選股策略

不同類型的主力有不同的選股策略。中長線主力多以「業績」為基礎，結合個股的行業特點、成長性、潛在資產、注入題材等方面來綜合選股，對個股的參與時間跨度也更長；而短線主力則更關注市場熱點，重「題材」、輕「業績」，對個股的參與往往是「一波到頂」。

主力資金的類型不同，主力的投資方式也不相同。能夠經常即時看盤的主力，可以多關注市場中的熱點，側重於分析短線主力的市場行為，實施快速跟進、跟隨熱點

的策略；而沒有時間看盤的主力，宜多分析中長線主力的行為及相應的個股，實行提前操作、耐心持有的策略。

2. 建倉環節

建倉環節也稱為進貨環節，是主力買入籌碼的一個階段。在建倉環節中，我們應關注「低位區」，這是主力建倉時的一個必要非充分條件，即「主力建倉時基本都是在低位區，但在低位區運行的個股未必有主力建倉」。

主力建倉講究的是「低價」，若個股處於長期大幅下跌時，我們可以將它此時的股價稱為低價。反之，若個股前期出現了較大的累計漲幅時，我們就不能將這時的股價稱為低價了。主力只會在個股處於低價的時候建倉，這也是我們分析個股是否有主力建倉時，須格外注意的一點，即個股的總體運行趨勢。

不同類型的主力，其建倉方式也不相同。中長線主力為了保持其較低的持有成本，會在低位區慢慢吸納籌碼；而短線主力為了保持題材股的市場熱度，往往是建倉、拉升一氣呵成。在後續章節中，筆者將結合具體的量價形態，來展示不同類型主力建倉時的盤面特徵。

3. 震倉環節

震倉環節只出現在少部分主力買賣股票的過程中。一般來說，在主力進貨之後、拉升之前，結合市場的短線調整，主力並不會大力買入，而是讓股價在短線獲利賣壓下順勢回落。如此一來，市場持有成本會有所提升，有助於為主力隨後的拉升創造更好的條件。

4. 拉升環節

拉升環節就是主力將股價持續拉高的階段，主力建倉的目的是實現低買高賣並從中獲得收益。為了實現「高賣」，股價必須要漲上去才行，這就是主力拉升的目的所在。一般來說，若主力前期進貨越充分，市場浮額就會越少，主力拉升時所面臨的獲利賣壓也就越輕；反之，主力在拉升時受到的阻力則相對較大。

主力在拉升階段會暴露自己的行蹤，對散戶而言，應及時發現主力的拉升行為，進而快速展開操作——買入。買入的時間越早，越接近主力的成本區域，散戶的交易風險就越小。在追漲時，特別要注意那些題材熱度不夠、短線漲幅已較大的個股，因

為主力對這類個股的參與往往是極為短暫的，當我們發現這類個股並追漲買入時，很可能正迎來主力的快速出貨操作。

5. 整理環節

整理環節出現在上升途中，是股價震盪整理、市場平均持有成本提高的一個環節。經由整理，前期獲利浮額離場，新買入的市場浮額其持有成本較高，主力隨後可以更為容易地拉升股價，其出貨時也不會有大量的獲利盤爭相拋售。

在整理環節，如果時間太短，難以完善處理浮額，無法實現預期的效果；如果時間太長，則不利於形成上漲氛圍。一般來說，時間的長短還與市場的氛圍、主力的實力、投資的風格等因素有關。

6. 再次拉升環節

再次拉升環節出現在整理環節之後，是主力又一次對股價進行大幅拉升。這一階段的拉升與前期的主升段明顯不同，它多在大盤較好的情況下出現。

一般來說，主力在大量出貨的時候，勢必會造成股價在高位區震盪滯漲的走勢，透過再次拉升，主力可以在出貨時處於更為主動的地位。由於再次拉升，股價將再一次出現較大幅度的上漲。

7. 出貨環節

出貨環節是主力整個參與過程中的最後一個環節，也是關係到主力投資成功與否的最為重要的一個環節，相對來說也是最難的一個環節。因為對主力而言，如果資金充裕，在強大的資金實力的保證下，建倉、拉升都可以按計劃進行，股價可以達到目標位。但是出貨卻不同，一般要有良好的大盤氛圍來配合，否則主力想要在高位賣出籌碼並不容易。

4.1.3　個股案例解讀

下面我們結合個股的走勢來看看主力參與的流程。在實盤中，由於個股的不同、主力類型的不同，個股的走勢也往往不同，應以具體情況做具體分析。

圖 4-1 中可以看到，該股在同期大盤運行相對平穩的背景下，因主力的參與而出

現了與大盤完全不同的形態，其中的進貨、拉升、整理、再次拉升、出貨環節，均透過一定的盤面特徵展現出來了。

1. 在低位區，主力先是小幅度拉升股價，這有利於激發多空分歧，而此時主力則緩慢震盪進貨，且股價走勢與大盤相近。由於主力的參與改變了多空力量格局，因此股價止跌止穩，呈橫向震盪狀。進貨環節是持續時間較長的，它所產生的效果直接與主力的後期參與能力成正比。由於主力的進貨行為較為溫和，從量價配合關係著手，我們很難發現其蹤跡。對於這類個股，它只有在進入拉升環節後，才能相對準確地進行分析、預判。

2. 隨後，主力開始拉升股價，股價在上漲時可以看到輕微放量。在股價突破前期盤整密集區時，這也是一個套牢區間，該股僅溫和放量，未見大幅放量，這表示市場浮額不是很多。再結合股價相對獨立的突破走勢來看，我們可以判斷有主力參與，且主力手中持有相對較多的籌碼，股價後期上漲空間值得期待。在實盤操作中，此時是較佳的買入點。

3. 主力對股價的拉升也較為溫和，這種情況常見於有中長線主力參與的個股。對於該股來說，股價拉升途中出現了小幅回檔，回檔時的幅度較小、量能大幅縮減，這正是整理環節的盤面形態。

4. 隨後，股價快速上攻，一改前期緩慢攀升的格局。上漲方式的改變也預示著上

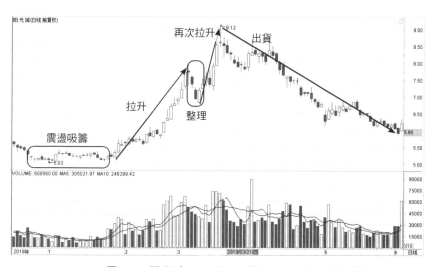

▲圖 4-1　陽光城 2018 年 12 月至 2019 年 6 月走勢圖

升波段即將見頂，這正是主力借助於相對穩健的同期大盤走勢，而實施的再度拉升策略。此時的量能明顯放大，量能的大幅度變化也是多空對比格局變化的訊號，高位區預示著風險較大。

5. 在高位區，放量滯漲形態的出現說明有大資金主動賣出，這往往就是主力出貨的訊號之一。股價走勢的快速反轉，跟風追漲盤反應過來時，股價早已大幅下跌。由於再次拉升時創造了較為充足的出貨空間，而高位滯漲形態又使主力能在高位區出掉較多籌碼。因此主力掌握著主動權，跟風入場的散戶若不能果斷「割肉」離場，將被套牢在高位區。

4.2

主力的類型及投資風格有哪些？

隨著國內股市及經濟發展前景總體向上，多路資金紛紛涉足 A 股，除了中小散戶外，其他的資金大多實力雄厚，它們可以被稱作是 A 股中的主力。但是，大多數的主力資金只是助推著行情的發展。在實盤操作中，我們要結合主力類型及其投資風格來進行綜合判斷。

4.2.1　依資金性質劃分主力

對股價走勢產生重要影響的主力資金，可以分為公募基金、券商、QFII、大股東、遊資及私募等，以下逐一說明。

1. 公募基金

公募基金（Public Offering of Fund）是指由基金管理公司透過發行基金單位，來集中投資人的資金，由基金託管人（具有資格的銀行）託管、基金管理人管理和運用資金，以從事股票、債券等金融工具投資。在這裡，公募基金主要指那些投資於股市的基金，即偏股票型基金。

公募基金的資金量龐大，為了可以穩定應對基金投資人的申購、贖回等操作，大多參與規模較大並且有業績支撐的個股。在一般的股票行情軟體中，往往對「基金重倉」的個股進行單獨的劃分，投資人可以在此查閱到哪些個股更能獲得基金的青睞。

也正因為如此，公募基金對股價走勢的影響力會更在於助推作用。當股市行情向上，基金投資人申購踴躍時，公募基金對藍籌股、績優股的買入也會增多，從而對行情具有推動的作用。但當行情不好時，這類個股雖有業績支撐，為了應對基金投資人

的贖回，其股價走勢往往也不理想。這些都是投資人參與基金重倉股時應瞭解、注意的。

當然，由於股票型基金種類繁多，也有不少公募基金專注於投資小股本、題材股，而且由於基金經理的理念不同，不同的基金往往會出現截然不同的投資風格，這時我們就要具體分析了。

2. 券商

券商是提供證券買賣服務的中間機構。但是也有一些實力強大的券商，在提供證券買賣服務的同時，也進行證券投資。其資金募集方式與公募基金類似，對象大多是公眾，以「券商理財產品」的方式進行資金募集，由專業人士負責。券商所選的個股大多是一些業績較為優秀、行業發展前景較好的個股，在股市中的參與方式與公募基金基本相似。

3. QFII（合格境外機構投資人）

QFII 是英文 Qualified Foreign Institutional Investors 的縮寫，即合格的境外機構投資人。QFII 制度使得國際資金可以進入 A 股市場，但由於 QFII 資金要設專用帳戶並且會受到一定的監控，而且國外資本在國內股市投資的原因，大多是看好經濟的發展，以長線投資行業龍頭股，故 QFII 多以價值投資為核心來參與個股。他們常常在低位區進行投資，耐心等待股市行情轉熱後，在高位賣出，對於行情及股價走勢的影響力較弱。

4. 大股東

大股東，特別是直接參與上市公司運行的大股東，對公司的情況無疑是最瞭解的。當公司前景樂觀、業績高速增長時，若市場沒有給公司股票一個合理的定價，則大股東很有可能在市場上實施積極的增持行為。這種增持行為往往會引起場外大資金的關注，也會讓中小投資人看好該股中期價格走勢，從而對股價的後期運行產生重要影響。

5. 遊資及私募

遊資、私募，也稱為民間資本，在一些暴漲的題材股、消息股甚至有隱藏題材的

ST 類股中，很難發現公募基金的身影，參與這類個股的主力正是遊資或私募。

我們常常會看到同一個板塊或同一種題材、概念中的許多股票，在沒有重大利多的前提下，僅憑著一些市場傳聞就能在短時間內飆升，成為同板塊或同題材中的「黑馬」或「龍頭」。而這往往就是市場遊資或私募參與熱門題材股的結果。

投資人在把握短線機會時，遊資或私募的動向及相關個股的異動，是最值得關注的，因為這類股票可以創造較好的短線收益。但是在參與時，我們一定要記住買早不買晚。當我們發現個股的價格已經短線飆升 30% 以上，此時即使有好的題材助推，也應保持理性，不宜重倉參與，更不宜盲目地追漲買入。

$ 4.2.2　中長線主力參與股解讀

在實盤操作中，我們更應該依賴於盤面資訊來分析主力的投資行為，特別是盤面上的量價形態，依據量價配合形態的變化，我們可以更完整地分析、把握主力的投資行為。在實盤操作中，依據盤面形態來著手分析主力的投資行為時，我們主要應以「參與時間長短」來區分不同類型的主力。不同的主力有不同的投資風格，其投資風格會表現在個股的不同走勢上。接下來，我們結合實例來看看個股的不同走勢，是如何反映主力的不同投資風格。

中長線主力是指參與時間較長的主力，一般來說，其參與時間可以超過一年。這類主力在底部區的進貨較為充分、對股價的總體拉升幅度較大。如果投資人可以做到中長線持股待漲，那麼將能獲取高額的回報。

對於中長線主力參與股來說，它的進貨環節持續時間往往很長，我們有更多的逢低佈局時機，這類個股更適合有耐心的中長線投資人。而且，當個股進入到主力拉升階段，在股價累計漲幅不大的時候，每一次的短線回檔低點都是較好的中短線入場時機。

圖 4-2 是一支中長線主力參與的股票，主力很可能在股價前期破位下行前就已進入。當股價隨股市大跌而進入低位區之後，出現了長期的橫向震盪走勢，並屢次出現漲停板啟動股價短線波動的情況，而主力正好借此機會進貨。相對來說，進貨佈局時間並不是很長，這也造成了主力的參與能力不夠強，該股在隨後股價突破時仍有較大的拋售阻力。

在實盤中，雖然股價突破上行時的量能放得比較大，但由於低位區蓄勢很充分，

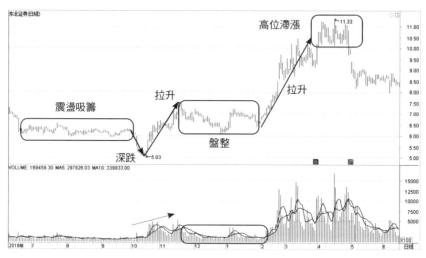

▲圖 4-2　東北證券 2018 年 6 月至 2019 年 6 月走勢圖

並且股價在突破時的小陽線漲幅均不大，因此，在實盤操作中，我們可以適當追漲買入，享受主力拉升成果。

　　該股隨後出現了較為獨立的上攻行情，之間還夾雜著一次盤整走勢，這正是中線主力積極參與的結果。在股價累計漲幅翻倍的情形下，主力開始進行出貨操作。此時，盤面上的滯漲下滑打破了原有的上升形態，再結合股價上漲時放量較大、主力所持股碼數量相對有限等因素，所以在實戰中，本著資金安全的原則，我們此時也應及時地減碼或清倉出場。

4.2.3　短線主力參與股解讀

　　短線主力的參與時間較短，往往在幾週或幾個月內，即可完成一輪完整的買賣過程，個股價格的短期漲勢較為明顯、漲幅較大。短線主力所參與的個股，也多是與當時市場熱點相符的題材股。一般來說，民間遊資更喜歡短線投資個股，即成為個股短期內的參與主力。

　　短線主力參與的個股，大多是有熱門題材推動的。在短線上攻走勢剛剛展開時，股價往往不易回檔。此時，對投資人的買賣技巧的要求較高，投資人一定要敢於追漲入場，畢竟股價才剛剛啟動；但是，一旦股價短線漲幅相對較大，超過 30% 後，其

波動幅度也會增大，投資人此時應結合題材熱度及市場環境，再來決定買賣方向。

短線主力多會結合市場熱點來把握建倉時機。由於市場熱點往往頻繁轉換且不斷出現，因此，短線主力的建倉目標股較多、建倉時機也較多。但由於市場熱點往往是突然湧現的，因此，短線主力的建倉時間就會相對較短。

圖 4-3 中可以看到，股價以漲停板的方式突破盤整區、快速上攻。短線主力也常採取連續漲停板的方式，最大限度地啟動個股的股性及題材熱度。

對於投資人來說，一要結合個股的題材來決定是否追漲，二要在股價突破上攻之初，特別是在剛剛啟動的前兩個交易日追漲買入，這樣可以盡可能地降低追漲風險、增大短線獲利空間。並且，短線主力在參與這類個股時，其價格走勢很有可能一波到頂，特別是對於那些同題材下的非龍頭商品，一波到頂的機率極大。在實盤操作中，我們一旦發現股價數日內滯漲不前，應果斷賣出該種股票。

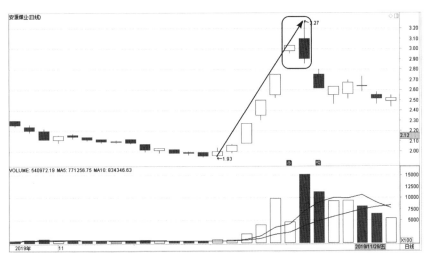

▲圖 4-3　安源煤業 2019 年 10 月至 12 月走勢圖

$ 4.2.4　超短線主力參與股解讀

超短線主力嚴格來講並不是主力資金，因為他們對個股的參與往往就是「一日遊」。超短線主力的目標，只是獲取在一、兩日之內的差價利潤。

超短線主力的市場行為如同快進快出的散戶，他們經常選擇日 K 線形態優異的

個股，**提前一、兩個交易日進行操作**，然後在隨後交易日的早盤階段快速拉升，從而使得該股的價格走勢呈突破上行形態。若市場跟風情緒較濃，超短線主力則順勢收漲停板，次日出貨；若跟風盤不足，超短線主力則在當日盤中高點即開始出貨，該股當日的價格走勢會呈現出衝高回落的長上影線形態。

因此，若個股的價格某日大漲甚至漲停，但沒有什麼明確的題材或消息面支撐，且隨後幾日的走勢明顯疲軟，千萬不要過於肯定地認為有強大的主力隱藏其中，因為這檔股票的異動，很可能就是由超短線主力快進快出所引發的。

圖 4-4 中，股價以一個漲停板強勢突破了盤整區，似乎將展開一輪上攻行情，殊不知次日出現了衝高回落的放量長上影線 K 線，這種形態往往就是超短線主力參與的結果。超短線主力早在漲停板前一日就已略放量，借助良好的突破形態及跟風追漲盤的湧入，超短線主力在漲停板次日實現了快速出貨。

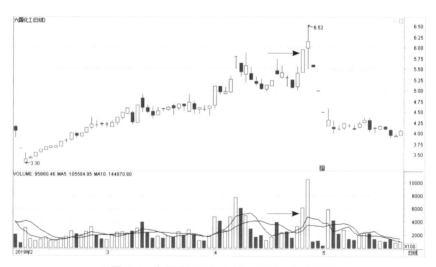

▲圖 4-4　六國化工 2019 年 1 月至 5 月走勢圖

💰 4.2.5　主力的兩種參與路線

對於主力參與個股的流程來說，以「建倉環節」為起點的路線是最常見的參與路線，畢竟手中有一定籌碼之後，才能發揮對股價走勢的影響力。但是，也有一些主力會反覆買賣同一檔股票：主力在高位區出貨後，手中仍餘有少部分籌碼，借助於大盤

震盪，順勢賣出剩餘的籌碼，股價往往也因此進入了低位區，此時再慢慢買入，這就是以「賣出」為起點的參與路線。

對於起始於建倉環節的主力路線而言，這一主力參與過程的時間順序是：建倉—拉升—出貨。這種主力參與路線適合新主力，由於新主力在入駐個股之前手中沒有籌碼，所以不得不從建倉開始。此時，能否在低位區或者在恰當的時機買入大量的建倉籌碼，對主力來說是至關重要的。

對於起始於賣出的主力參與路線，其參與過程的時間順序是：賣出—建倉—拉升—出貨。起始於賣出的主力參與路線有很多優勢，其中最重要的是，主力不用被動地等待建倉時機，而是可以結合大盤震盪走勢，去主動創造一個好的建倉價位。

在弱勢的市場環境下，主力往往也會先賣出手中持有的股票，等待時機，從而獲得有利的建倉價位，為下一輪參與打下基礎；或者主力利用大盤的不穩定性，來進行中線的高賣低買操作。一般來說，這類主力的實力較強，如果總是被動等待市場提供的機會，就會有一種極不穩定的因素。因此主動創造有利於自己的價位，就會讓成功率大大提高。下面我們結合案例，來看看主力是如何結合大盤波動，以進行大波段上的高賣低買操作。

圖 4-5 中可以看到，經歷了 2018 年 10 月股市系統性暴跌之後，股價在「強勢反攻」、「收復失地」時，並沒有量能放出，這說明主力持股力度較大、參與能力較強。如圖中的標注所示，2018 年 12 月，股市再度出現系統性風險，在滬深兩市全線暴跌的背景下，主力一般不會刻意維護股價，因此該股的價格也跟隨著大盤快速下跌，短線跌幅巨大。

值得注意的是，股價在前期高點並沒有足夠的震盪整理時間，主力難以出貨。在這種情形下，我們可以推測主力仍舊在個股之中，在暴跌之後的低點，當股價再度出現一波縮量快速下跌時，便會出現更好的買入點。

主力利用大盤的波動進行高賣低買操作，是一種常見的情形。主力因為對股價未來走勢看得更遠，往往能夠接受由於大盤暴跌造成的帳面快速虧損，這是一種策略性的買賣方式。**所以我們不能想當然地認為，個股在主力沒有大量出貨的情形下是不可能暴跌的。**主力可以透過反覆買賣個股，利用股價的大波動來進行「低買高賣」操作，最終實現獲利出局。

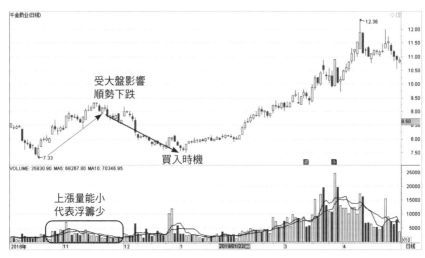

▲圖 4-5　千金藥業 2018 年 10 月至 2019 年 4 月走勢圖

4.3

中長線主力與短線主力，
持股方式大不同

　　中長線主力與短線主力的進貨風格迥然不同，中長線主力更注重控制建倉成本，進貨的時間往往較長，參與能力更強；短線主力更注重市場熱點、進貨時間較短，參與時更需借助於市場的追漲熱情及其他遊資的力量。由於主力的進貨風格與方式不同，反映在盤面的量價形態也就不盡相同。在本節中，我們就結合主力的風格，來看看進貨環節下的常見量價特徵。

💲 4.3.1　放量縮量對比

　　主力進貨時會造成股價上漲，也會引發量能放大，隨著股價的短線上漲，主力會暫停進貨，在獲利盤拋售的情況下，股價自然會回落。由於僅是市場少量獲利盤回吐，主力並沒有參與拋售，因此股價回落時的成交量會明顯縮小。這就導致在股價波動過程中，成交量形成了放大、縮小的鮮明對比：波段上漲時的量能明顯放大，波段回落（或窄幅整理）時的量能明顯縮小。利用放量與縮量的鮮明對比，再結合個股中短期內的價格走勢的獨立性，我們可以初步判斷個股有主力入駐進貨的可能性。

　　圖 4-6 中可以看到，在低位區的橫向震盪走勢中，多次出現獨立上攻的長陽線，且上漲波段的放量較為明顯；而在上漲波段後的回落走勢中，則明顯縮量，放量與縮量形成了鮮明的對比，這正是大資金入場進貨後積極鎖倉的訊號之一。獨立的上漲波段放量，啟動了多空分歧，使得主力有機會從中進貨，隨後的回落波段僅是由市場少量獲利浮額拋售所致，因此量能會明顯縮小。

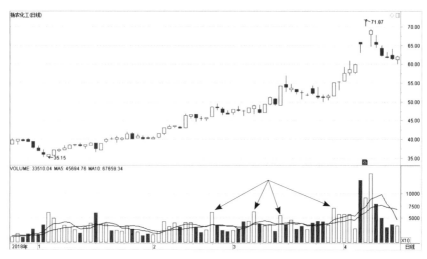

▲圖 4-6　揚農化工 2018 年 12 月至 2019 年 4 月走勢圖

💰 4.3.2　震盪區漲停式反覆進貨

震盪區的漲停板常會激發多空分歧，因為漲停板使得震盪區籌碼處於解套狀態，市場浮額的鎖定度大大下降，主力可以趁機進貨，且漲停板的出現正是主力從中助推的標誌之一。

利用漲停板激發多空分歧，主力在震盪區反覆進貨，個股在漲停板出現前後的幾個交易日中量能明顯放大，在隨後的回落走勢中則明顯縮量。反覆震盪之後，主力最終實現了較強的參與能力。

因此，隨著震盪走勢的持續，我們會看到個股的量能逐漸縮小，這正是主力鎖倉、市場浮額減少的重要標誌。這種利用震盪區反覆出現的漲停板來進貨的方式，多出現在中線主力參與股中。一旦這類股票開始突破上攻，其潛在的上升空間是很大的。

圖 4-7 中可以看到，該股在低位區的震盪走勢中多次出現漲停板，且震盪上漲波段的量能明顯放大。隨著震盪走勢的持續，整理走勢中的成交量明顯萎縮，這正是主力進貨行為，導致市場浮額大幅減少的訊號。

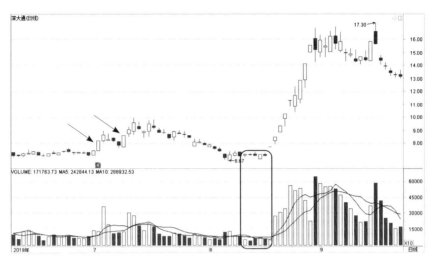

▲圖 4-7　深大通 2019 年 6 月至 9 月走勢圖

4.3.3　突破點單日進貨巨量

　　主力在低位區的進貨，往往會因為市場低迷而使得效果不理想，這時，就需要再次拉升進貨。當股價突破盤整區時，若出現明顯的放量，且隨後股價能夠站穩於突破位置點，則多與主力在突破時實施積極的建倉行為有關，股價就有望就此步入上升通道。下面我們結合實例來說明。

▲圖 4-8　雲南白藥 2019 年 7 月至 11 月走勢圖

圖 4-8 中可以看到，經歷長時間的橫向震盪之後，該股出現了長陽線向上突破形態，長陽線上穿整個盤整區時，當日的量能明顯放大，有大量的資金參與。隨後，股價強勢站穩於突破後的短線高點，正是主力積極的建倉、加碼，才使股價得以抵擋中短線獲利、解套賣壓，預示股價將步入上升通道，此時是中短線入場的時機。

💰 4.3.4　突破點多日進貨放量

股價先是放量突破盤整區，在強勢的橫向震盪過程中，該股不時地出現單日明顯放量形態，且股價重心隨著震盪的持續而向上移動，這多是主力借突破之機進行加碼的操盤行為，預示著股價隨後將出現一波上攻走勢。在實盤操作中，強勢震盪中的回落點，就是最佳的短線入場時機。

圖 4-9 中可以看到，股價在相對低位區出現長期盤整走勢，隨著放量突破形態的出現，股性得以啟動，但股價並沒有立刻強勢上攻，這與主力手中籌碼數量相對較少、參與能力不足有關。此時，主力有加碼的需要，可以看到在強勢震盪區間又多次出現單日放量陽線，這正是主力在突破點加劇的多空分歧，而積極加碼操作的表現。在震盪過程中出現的股價重心上移，也表示買盤力量強於賣盤，一旦主力加碼完畢，隨後出現上攻行情的機率較大，此時是很好的入場時機。

▲圖 4-9　神州信息 2019 年 8 月至 11 月走勢圖

4.4

主力洗盤出現時，
是入場好時機

震倉環節常出現在一些主力的參與過程中，它雖然不是必然出現的一個環節，但**它的量價形態特徵很明顯，當其出現時，也就給我們指出了短線逢低入場的最好時機。**

🖐💲 4.4.1　連續縮量陰線下跌

震倉環節出現在建倉後、拉升前，是主力對底部區參與的獲利浮額進行整理的一種手段，其目的就是為之後的拉升操作創造更好的條件。

一般來說，震倉環節的典型盤面形態，是股價短期內的快速下跌並伴以量能的相對縮小。但投資人在識別這種形態時，一定要將其與主力前期的低位進貨行為結合，當股價前期的累計漲幅不大、主力有明顯的進貨跡象時，快速縮量下跌才可以被看作是由主力的震倉操作所導致的盤面形態。

圖 4-10 中可以看到，股價先是出現了長期的盤整走勢，隨後量能溫和放大、股價向上突破了盤整區，這表明主力在積極參與。而這個盤整區很可能就是主力進貨的區域，對於這類股票我們應多加注意。

如圖中的標注所示，溫和放量突破之後出現了一波縮量回落，股價回檔至啟動點，這是主力在建倉之後、拉升之前進行的一次震倉操作，而這個短線回落低點也是我們買入的最好時機。

▲圖 4-10　哈工智能 2019 年 5 月至 9 月走勢圖

💰 4.4.2　整體放量相對縮量

　　震倉環節的量能形態以「相對縮量」為主要表現形式。如果在之前的突破走勢中，量能的放大較為明顯，則回檔時的均量往往大於上漲前的均量，但這並不代表主力的

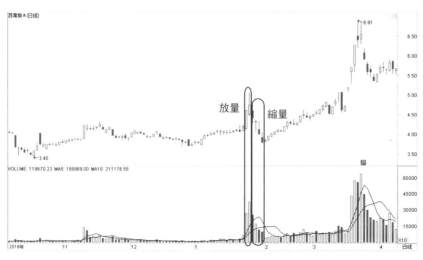

▲圖 4-11　蘇常柴 A 2018 年 10 月至 2019 年 4 月走勢圖

出貨行為。一般來說，這種情形常出現在主力參與能力較差的中型股或大型股中。

　　圖 4-11 中可以看到，股價在突破盤整區時量能的放大較為明顯。隨後的連續小陰線回落中，成交量相對縮小。結合股價處於低位區及短期內的量能縮放分析得出，這代表著主力拉升而非主力出貨，因此，這仍可以被看作是震倉，我們在短線回檔中的低點可吸納籌碼。

4.5 主力拉升時常見的量價形態

不同類型的主力有不同的拉升方式。中線主力持股數量較多、參與能力較強，拉升時往往也是不急不緩的，股價上升時間長、累計漲幅大；短線主力持股數量少，拉升時更需借助於市場力量。因為主力類型不同、參與能力不同、拉升風格不同，所以會展現出不同的量價形態。在本節中，筆者將講解主力拉升過程中，常見的幾種量價形態。

4.5.1 平量式穩步上揚

平量式穩步上揚是中線主力常用的拉升方式。主力或許是因為在低位區進貨較為充分，或許是因系統性風險出現而沒能在高位出貨，所以手中持有大量的籌碼，當市場趨暖後，就有較強的拉升意願。

此時，股價震盪著突破低位區間，溫和向上攀升，由於主力手中的籌碼多，市場上的籌碼數量就相對較少。此外，由於股價的上漲方式較為溫和，這對於散戶持股者的賣出行為，也具有一定的抑制作用。基於這種市況，股價上揚時的量能並不會明顯放大，而是呈「平量式」攀升。

這種平量式攀升的形態只要未被打破，我們就可以耐心持股待漲。一旦股價累計漲幅較大，出現上漲加速、量能突然開始放大的情況，則說明主力參與能力開始減弱且有出貨意向，我們應逢高賣出、鎖定利潤。

圖 4-12 中可以看到，股價先是處於中長期低位，隨後開始震盪上揚。如圖中的標注所示，在股價的持續上漲過程中並未出現放量，量能呈現出「平量式」狀態。這是因為前期主力被套後的被動拉升，主力持股數量多、拉升阻力弱，因此股價有望衝

擊前期新高。在實盤操作中，我們應耐心持股待漲。

　　如圖 4-12 中的標注所示，隨著股價上漲進入高位區，此時的成交量突然放大、上漲速度加快，股價在盤中的上下波動的幅度也驟然增大。這種量價關係的突然轉變，再結合股價的累計漲幅來判斷，是主力開始出貨、市場浮額增多的訊號，預示著頂部的出現，我們應賣股離場。

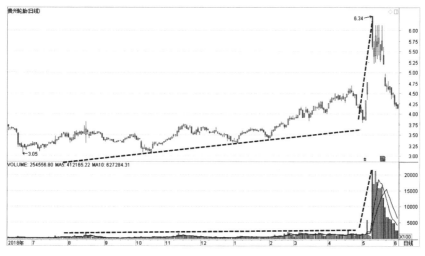

▲圖 4-12　貴州輪胎 2018 年 6 月至 2019 年 6 月走勢圖

🪙 4.5.2　不帶量式漲停啟動

　　漲停板的短線衝擊力度無疑是最強的，它能夠激發市場的追漲熱情，很多主力往往喜歡借助於漲停板來實施快速、甚至是一氣呵成的拉升操作。股價的短線上漲勢頭強、漲幅大，主力借助於市場力量，因此不需要動用太多的拉升資金，就能成功拉升。對於散戶來說，不僅要瞭解主力的這種拉升方式，還需要從盤面上發現線索，進而在第一時間追漲買入，享受主力的拉升成果。

　　般來說，漲停啟動的拉升方式多出現在股價盤整之後，盤整區是主力進貨、加碼的區域。隨後，在某個交易日中，個股借助於良好的大盤氛圍，在盤中強勢上揚（多出現於早盤階段），連續的大單買盤向上推升股價，並且最終收漲停板。由於主力之前已買入較多籌碼，漲停板突破雖然可以全盤獲利，但市場多空分歧並不嚴重，漲停

板時的量能可能處於平量狀態，也可能在溫和地小幅放量，這種放量方式也反過來驗證了主力的參與能力。在實盤操作中，我們應在個股漲停板的第一時間買入。下面我們結合案例加以說明。

由圖 4-13 此分時圖中可以看到，在早盤階段，股價出現了兩波連續的拉升，分

▲圖 4-13　平潭發展 2018 年 11 月 13 日分時圖

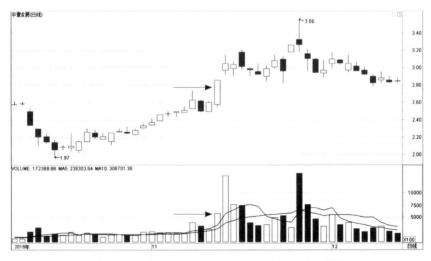

▲圖 4-14　平潭發展 2018 年 10 月至 12 月走勢圖

時線流暢挺拔，這是主力的進貨、拉升行為的結果。在隨後的盤中高點，股價拒絕大幅回檔並且向上衝擊漲停板，結合股價當日正突破低位盤整區，以及此時的量能未明顯放大這一情況來看，如圖 4-14 所示，可以發現主力的參與能力較強，股價有望以漲停板為啟動訊號迎來一波上攻走勢。在實盤操作中，我們應果斷地搶漲停板入場。

💰 4.5.3　先放量後縮量

在拉升過程中，一些主力往往會因為起初的籌碼數量不夠，而在拉升初期進行進貨、加碼操作，此時的股價震盪上漲速度慢，主力力求降低持有成本。隨著主力持有數量的增加、參與能力的提高，個股在隨後的價格上揚過程中會出現相對縮量，量能明顯小於上漲初期。這種上漲方式雖與我們常接觸的「放量上漲」不符，但並不是升勢見頂的訊號。在實盤操作中，我們應多加觀察，只有當出現較為明確的反轉訊號時，才宜減碼或清倉離場。

圖 4-15 中可以看到，股價上漲初期量能明顯放大，但隨著股價上漲的持續，成交量反而不斷縮減，這種縮量上揚的走勢緩慢。就中線交易來說，此時並不是賣出時機，圖中的後半部分股價高位放量滯漲，才是較好的頂部離場時機。

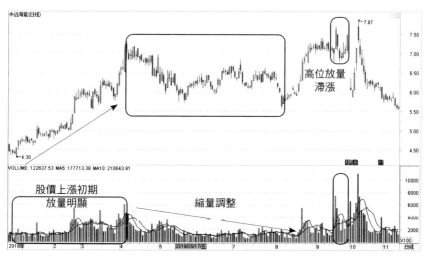

▲圖 4-15　中遠海能 2019 年 1 月至 11 月走勢圖

4.6

主力常見的整理方式及量價形態

　　整理環節出現在主力進貨之後，雖然主力的買賣方式不同、參與能力不同，但此時的市場浮額已經明顯減少，因此，整理時的一個重要量能特徵就是「縮量」。當然，主力買賣股票是一個前後連續的過程，僅憑縮量，我們還無法判斷該量能特徵是否與整理行為有關。

　　在實盤操作中，我們還需結合股價此前的運行特徵來綜合判斷。在本節中筆者將結合案例，講解常見的幾種主力整理方式及對應的量價形態。

💰 4.6.1　平量式盤升平台

　　平量式盤升平台，多出現在中線參與能力較強的主力的參與股中。股價以小陰線、小陽線（以小陽線居多）的方式極為緩慢地向上盤升，突破此前構築時間極長的震盪區間，全部的流通籌碼處於獲利狀態。這個盤升走勢構成了一個類似於「平台整理」的形態，但股價重心卻在上移。個股處於「盤升平台」時的成交量並沒有放大，呈現出一種「平量式」的狀態。

　　這種量價形態往往是主力快速拉升前的一次緩慢整理行為，意在消耗那些持股時間短、短線拋售意願強的短線盤，從而為隨後的拉升減小阻力。在實盤操作中，這個平量式盤升平台，是我們中短線買入的好時機。

　　圖 4-16 中可以看到，股價在突破長期整理區間時，出現了平量式盤升平台的形態，這是一個很顯著的量價關係，也側面表現出主力的整理行為，並預示了主力隨後的拉升行為。在實盤操作中，此時是中短線買入的時機。

▲圖 4-16　楚天高速 2018 年 12 月至 2019 年 3 月走勢圖

4.6.2　縮量下跌形態

　　縮量下跌形態常出現在股價短線漲速較快時。此時，在中短線高點，出現了一波速度較快、量能快速縮減的下跌走勢。這一波快速下跌走勢的量能，與之前上漲波段的量能形成鮮明對比，表明下跌走勢並不是因為大量拋售而形成的。在實盤中，若股價此前的上漲較為強勁、走勢獨立於大盤，則此時的縮量快速下跌，具有更強的回檔含義。在實盤操作中，我們也可逢短線低點買入。

　　圖 4-17 中股價震盪上揚，一波短線快速上漲，量能明顯放大，隨後出現了股價的快速下跌，下跌時量能急速縮減。結合同期大盤走勢來看，股價的震盪上行具有獨立性，有主力積極參與。股價此時的累計漲幅不大，透過股價的自然整理，在實盤操作中，我們可以逢低買入，積極投資。

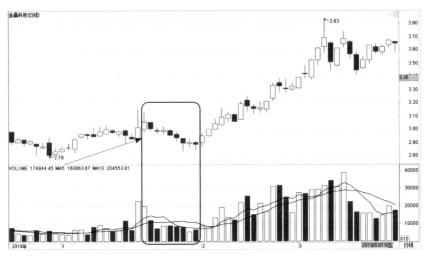

▲圖 4-17　金晶科技 2018 年 12 月至 2019 年 3 月走勢圖

4.6.3　縮量式強勢整理平台

　　縮量式強勢整理平台，常出現在參與能力較強的中線主力上，相應的個股往往有業績支撐，對股價的不斷攀升具有支撐作用。

　　從盤面形態上來看，股價呈現橫盤走勢，在很長一段時間內股價波動幅度較小，短期內幾乎沒有什麼差價，且橫盤區間往往會出現成交量萎縮的情況，給人一種此股交投極不活躍的感覺。這是因為主力在此區間內既沒有出貨、也沒有拉升，散戶可透過股價的自然整理狀態時段，選擇充分換手。

　　採取這種以時間換取空間的方法，主要針對市場中的絕大多數投資人沒有耐心的弱點，以達到淘汰一批持股者的目的。一般來說，平台整理的時間越長，股價上下振幅越小，表示整理得越徹底，之後股價上升的後勁就越大。

　　圖 4-18 中可以看到，股價先是出現了獨立的攀升走勢，長陽線一舉向上突破了長期盤整平台。隨後，股價開始橫向震盪，且成交量大幅度減小，這就是主力拉升過程中的「縮量整理」形態，可以有效地消耗缺乏耐心的短線盤，從而為隨後的拉升減輕阻力。在實盤操作中，由於該股中線已有一定價格漲幅，我們在買入初倉時應控制好倉位，對於持股者來說，則應持股待漲。

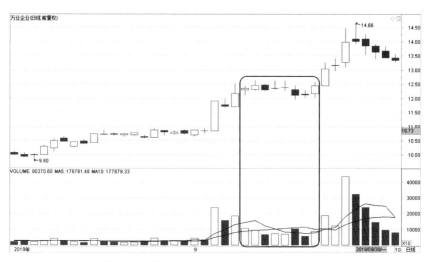

▲圖 4-18　萬業企業 2019 年 8 月至 10 月走勢圖

💲 4.6.4　下跌後的縮量收復

　　股價的短線快速下跌伴以相對放量，可能是主力出貨所引發的，也可能是市場賣出湧現所引發的。如果想要判斷股價後期走勢，那麼我們應密切觀察股價短線下跌後的走勢特徵。若能夠出現縮量下跌的走勢，則表明主力參與能力依舊較強。在股價累計漲幅不大的情況下，我們仍可積極操作，或逢震盪回檔之機買入。

　　圖 4-19 中可以看到，股價在一波放量下跌之後，出現了縮量，這是市場浮額較少、主力依舊有著較強參與能力的標誌。短線上，我們可以適當買入參與。隨後，股價短線上衝、加速上漲至前期盤整套牢區間時，量能突然大幅放大，股價在此位置點遇阻，我們在短線上宜賣出從而迴避風險。

　　隨後，當股價二次回落時，可以看到又是一波縮量下跌走勢，主力並沒有快速出貨，在實盤操作中，我們可再度短線接回。實盤中的股價走勢往往一波三折，我們應結合量價關係的變化，而不斷調整買賣方向及倉位，力求降低風險、獲取更高的潛在收益。

▲圖 4-19　尖峰集團 2019 年 5 月至 9 月走勢圖

4.7

主力出貨的量價關係，
可作為風險評估

　　主力往往在股價累計漲幅較大時出貨，但若股市低迷，主力往往會提前出貨。我們應結合市場冷暖及量價關係的變化，來把握主力的出貨行為。在本節中，筆者將講解主力出貨時的幾種常見量價關係，它們是股價走勢中線轉折的訊號，也是風險訊號。

4.7.1　縮量震盪下滑

　　在持續上漲後的高位區，若股價出現震盪滯漲走勢且量能開始明顯縮減，股價重心下移時，這便是主力無意拉升、開始小量出貨的訊號。我們此時應注意風險，股價隨後有可能因大盤震盪，而向下跌破平台支撐位。

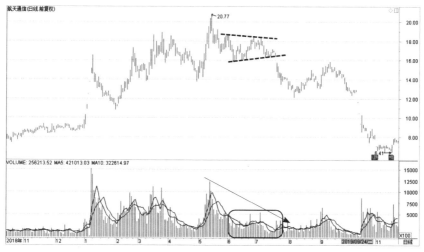

▲ 圖 4-20　航天通信 2018 年 10 月至 2019 年 11 月走勢圖

圖 4-20 在高位震盪走勢中，我們可以看到股價在震盪走低，同期的量能明顯縮減，這是主力小量出貨的訊號。這種縮量震盪下滑，也打破了股價走勢原有的上升形態，標誌著頂部的出現以及趨勢的反轉。

💲4.7.2　斷層式縮量滯漲

斷層式縮量滯漲，也是主力出貨時較為常見的一種量價關係，它是指個股在價格不斷上漲過程中出現了較為顯著的放量，並且股價的上漲走勢獨立，明顯強於大盤，中短線的漲幅相對較大。隨後，在高點位股價橫向震盪，但量能卻大幅度縮減，此時的量能與之前上漲時的量能相比，顯現出「斷層式」的特徵。

高點位的斷層式縮量滯漲，大多表示此前股價上漲時的堆積式放量，或與主力的連續式拉升有關。此時量能斷層式縮減並伴以股價滯漲，標誌著主力連續式拉升的結束，也是股價走勢見頂的訊號。

圖 4-21 中可以看到，股價的上漲過程持續時間長、累計漲幅大，上漲時的量能明顯放大。如圖中的標注所示，高點位出現了縮量滯漲，從量能效果來看，這屬於「斷層式」的縮量，是股價走勢見頂的訊號，此時我們應賣出離場。

▲圖 4-21　珠江實業 2019 年 1 月至 8 月走勢圖

💰 4.7.3 放量攀升再放量

上升途中，成交量若在原有的放量攀升的基礎之上再度明顯放大，會使多方力量消耗過大、過快，容易引發中線反轉走勢。此外，再度放量時往往伴有股價的快速上衝，經常使多空力量對比格局發生轉變。在實盤操作中，當成交量無法繼續放大，或股價開始滯漲時，我們應賣出離場。

圖 4-22 中可以看到，股價在大盤走勢處於震盪狀態時，出現了這種較為獨立的上攻走勢，這是主力積極參與的結果。但是，放量攀升之後出現了量能進一步放大的上攻走勢，這就是一個反轉訊號，此時我們應果斷賣出。

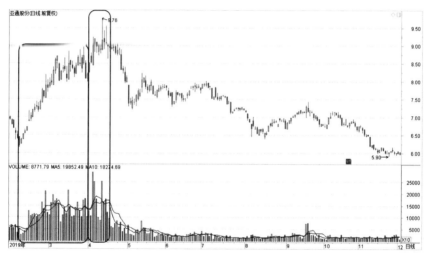

▲圖 4-22 亞通股份 2019 年 2 月至 12 月走勢圖

第 **5** 章

我用日 K 線與成交量，預測「上漲股」！

5.1

3 個交易日的量價形態：
進攻式三日放量組合

以成交量分析而言，以日 K 線為基礎的日 K 線圖量價分析是其核心。在前面幾個章節中，筆者已經從趨勢運行、經典量價理論、主力參與等方面，講解了一些較為常見的日線圖量價形態，但對於變幻莫測的股市及股價走勢來說，這些還是遠遠不夠的。

要想更加深入地理解並在實戰中運用好量價關係，我們還要從特例入手，以 A 股市場的獨特運行方式為基礎，更加全面地學習量價形態。在本章及第 6 章中，筆者以「日 K 線圖」為例，來展開量價的相關內容的講解。本章先講解能夠預示股價上漲的量價組合，第 6 章則講解預示股價下跌的量價組合。

進攻式三日放量組合是 3 個交易日的量價形態組合，這 3 個交易日的量能明顯放大。第一個交易日和第三個交易日收出中小陽線，且量能的放大較為明顯，使股價呈上攻狀；第二個交易日為股價整理走勢，量能相對縮小。

這種量價形態常常是大資金短線加碼、有意拉升股價的訊號，雖然股價並不一定馬上啟動上漲，但隨後的整理時間往往會較短。在實盤操作中，當股價回落至第二個交易日附近且能夠獲得支撐時，我們可以短線入場。

圖 5-1 可以看到股價盤整之後，出現了三日放量突破盤整區的形態。這是進攻式三日放量組合形態，是多方入場積極、短線推升股價意願強的訊號，也預示著有望展開一波上攻行情。在實盤操作中，我們可以在隨後的橫向整理期間買股入場。

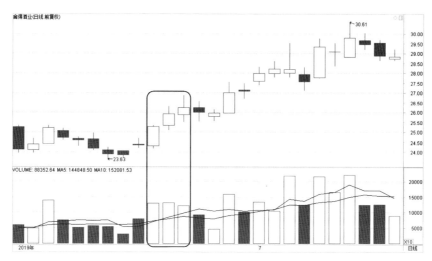

▲圖 5-1　捨得酒業 2010 年 6 月至 7 月走勢圖

5.2

長陽線突破點的窄幅整理區，有望展開突破行情

　　股價在長期盤整之後走勢不明朗，若此時出現長陽線放量突破盤整區，多預示著盤整區是多方積蓄力量的一個階段。但是，多方也有可能因空方獲利賣壓較重，使主力持股數量不夠而無功而返。此時，在長陽線的突破位置點，若股價走勢能夠出現小幅度整理形態，是多方已經在突破位置點佔據主動地位的標誌，有望展開突破行情。在實盤操作中，這個突破點的窄幅整理位置區，就是我們中短線入場的好時機。

由圖 5-2 可以看到股價在運行中，先是出現了放量長陽線突破盤整區，隨後在突破點出現了窄幅整理不回落的走勢。此時股價正處於低位盤整區的突破形態中，而這種突破量價形態又是多方佔優勢、主力拉升的訊號。因此，在實盤操作中，在突破點的窄幅整理過程中，我們可以積極加碼買入。

這種量價形態常出現在大型股中。此時，股價在突破點是否有強勢的窄幅整理形態出現，是我們衡量多空力量的重要依據，也是判斷上攻行情是否真實的標準。

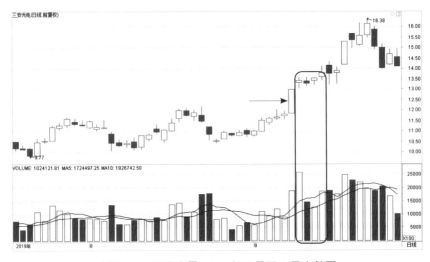

▲圖 5-2　三安光電 2019 年 7 月至 9 月走勢圖

圖 5-3 中可以看到，股價在以長陽線向上突破盤整區時，當日量能的放大較為明顯，這是個股中沒有強勢主力參與的標誌之一，股價的運行方向是多股力量合力的結果。此時，若在突破點可以出現強勢窄幅整理形態，則表示多方可以穩守勝果，仍完全佔據主動地位，股價隨後仍有上攻空間。在實盤操作中，我們可以耐心持股待漲或買股入場。

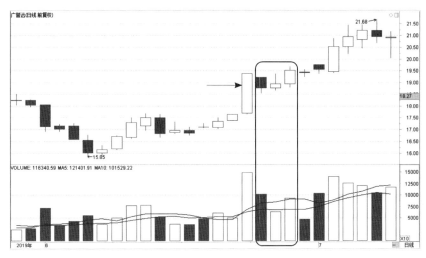

▲圖 5-3　廣譽遠 2019 年 5 月至 7 月走勢圖

5.3

圓弧右側的滑落低點，是短線入場的好時機

「圓弧形」常與主力的行為相關，因為僅憑市場正常交投，難以出現這種「優美」的運行形態。當股價以溫和放量的圓弧形態突破低位盤整區時，大多是主力快速拉升前的一次加碼操作。此時，圓弧右側的滑落低點，就是我們短線入場的最好時機。

由圖 5-4 中可以看到，股價在長期盤整之後，先是出現了兩條縮量陰線，使股價降低至 7.76 元（本書所有金額皆指人民幣）處形成破位之勢，但在隨後的運行中，

則以溫和放量的圓弧形態「收復了失地」。在實盤操作中，我們應在股價圓弧形滑落時進行短線買入操作。這種量價形態常與主力的積極參與有關，股價隨後的中短線漲幅也十分可觀。在實戰中，我們應多加觀察這種量價形態，把握時機。

圖 5-5 中可以看到，股價以一個溫和放量的圓弧形態，突破了之前的短線整理套牢區。圓弧形態構築完成之後，股價出現了短線回落，此時就是較佳的入場點。

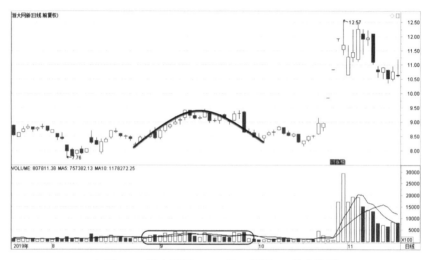

▲圖 5-4　浙大網新 2019 年 7 月至 11 月走勢圖

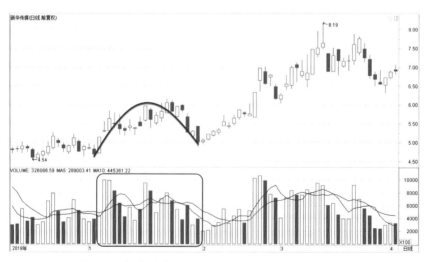

▲圖 5-5　新華傳媒 2018 年 12 月至 2019 年 4 月走勢圖

5.4

「紅三兵」
是可靠的上攻訊號

　　「紅三兵」是指連續 3 條中小陽線的 3 日 K 線組合。一般來說，紅三兵代表著多方力量佔據優勢，是上漲訊號；但在某些時候，紅三兵發出的訊號並不是上漲訊號。為了確保紅三兵形態的準確性，我們還要結合 K 線整體運行形態及量能變化來判斷。當溫和放量的紅三兵出現在盤整區的突破位置點時，就是一個可靠的上攻訊號。它代表著買盤積極入場、多方力量充足，是即將展開一輪上攻行情的可靠訊號。

　　圖 5-6 中可以看到，股價在中短期大幅下跌後的低點，出現了橫向震盪走勢。隨後連續 3 條溫和放量的小陽線，使股價開始向上突破震盪區。這就是突破點溫和放量紅三兵形態，也是買盤入場積極、股價有望展開上攻走勢的訊號。在實盤操作中，由於此時的股價中短線的漲幅均較小，因此我們可以追漲買入。

▲圖 5-6　龍建股份 2019 年 1 月至 5 月走勢圖

5.5

回檔後的縮量整理平台，
主力隨後快速拉升

　　放量盤升後回檔點縮量平台是一個組合形態，它由兩個局部形態構成。首先是溫和放量並且股價緩慢向上攀升，一般來說，這種走勢具有一定的獨立性，強於同期大盤，往往是個股有主力資金積極參與的訊號。隨後，受大盤回落影響，股價沒能在短線高點止穩，而是順勢回落至前期起漲點附近，此時做橫向窄幅整理，量能大幅縮減。

　　這種形態的出現常與主力的行為相關。只要股價當前處於累計漲幅不大的位置點，一般來說，隨後會有較大的上漲空間，而這個回檔後的縮量整理平台，常常就是主力快速拉升前的一個過渡階段。在實盤操作中，此縮量平台是中短線入場的好時機。

▲圖 5-7　北京城鄉 2018 年 10 月至 2019 年 5 月走勢圖

　　圖 5-7 中可以看到，股價在中短線回落幅度較大的相對低點，先是出現了持續的橫向窄幅整理。隨後，股價向上緩慢攀升，形成了一個放量盤升平台。這期間的走勢，該股明顯強於同期大盤，具有一定的獨立性，標誌著主力積極參與此股，獨立上漲的放量盤升平台，更有可能是主力積極的進貨行為所形成的。

　　隨後因大盤短線下跌，股價順勢回落，跌回至起漲點附近。此時出現了縮量窄幅運行的整理走勢，這是大盤震盪給我們創造的一次短線入場良機，應把握住入場機會。

5.6

穿越型的長陽線，可以積極買入佈局

　　平量長陽突破寬震區形態，是指股價走勢在多個交易日內形成的長陽線、長陰線交替出現的寬震格局。雖然每個交易日的股價盤中振幅較大，但由於長陰線、長陽線交替出現，所以股價重心並未向上移動。此時，一條實體更長的陽線以平量的方式，向上穿越了這個寬震區，股價也達到了近期小高點，較高的收盤價使得寬震區的籌碼均處於獲利狀態。

　　穿越型的長陽線是多方積極做多的標誌，平量則代表主力資金實力較強。如果股價的中短期漲幅較小，或者股價處於未啟動狀態，則多預示著有望展開一輪上攻行情，在實盤操作中，我們可以積極買入佈局。

　　圖 5-8 中可以看到，該股緩慢攀升的價格走勢十分穩健，在攀升區的突破點，形成了一個長陽線、長陰線交替出現的寬震區，這是多空產生分歧的區域，也是股價運

行方向將明確的標誌。隨後的平量長陽線突破形態，表明股價的運行方向是向上，在實盤操作中，我們應跟隨訊號，積極買入。

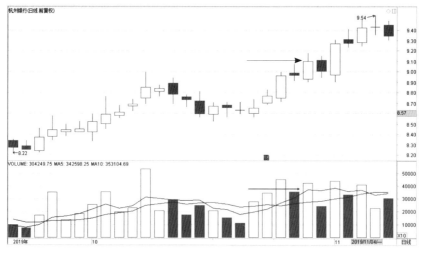

▲圖 5-8　杭州銀行 2019 年 9 月至 11 月走勢圖

5.7

縮量雙（三）探低形態，有望展開上攻行情

　　縮量雙（三）探低形態，是指股價出現了類似於「W」的二次探低（或者三次探低）的震盪走勢，在整個震盪過程中，成交量逐漸減少。

　　無論是第二次回探震盪區低點，還是第三次回探震盪區低點，成交量都比前一次回探震盪區低點有所縮減，這說明股價破位下行的做空力量逐漸減弱。如果此時股價的震盪區處於中線低點，那麼這種量價形態可以被看作是多方力量轉強、空方出貨無力的標誌，預示著隨後有望展開突破上攻行情，當二次（或三次）回探震盪區低點時，便是很好的中短線入場點。

　　圖5-9的股價在中期低位區間出現了橫向震盪走勢。這期間的成交量隨著震盪的持續而不斷縮減，第二次回探震盪區低點時是一個買點，但此時的股價仍有破位下行的可能。因此，我們可以透過控制倉位的方式來降低風險。但當股價第三次回探震盪區低點時，成交量已明顯縮小，且構築了一個低點整理平台，止穩訊號明顯。此時可以加大買入力度，從而獲取多空力量轉變後的反轉行情帶來的利潤。

▲圖 5-9　赤峰黃金 2018 年 10 月至 2019 年 7 月走勢圖

5.8

強縮量出現，表示有主力資金積極吸籌

　　寬幅箱體區低點強縮量形態，是指股價出現了橫向的寬幅箱體震盪走勢，震盪區一般處於中期高點位，箱體震盪持續時間較長。隨著震盪的持續，當股價再度經短線回落至箱底時，成交量大幅縮減，明顯小於前期震盪回檔後的成交量，故稱之為「強縮量」。

　　這種量價形態多標誌著在箱體震盪的過程中，有主力資金進行了積極的進貨。在箱底位置出現強縮量時，也意味著主力參與能力較強、手中掌控的籌碼較多，個股有望迎來突破箱體區的上攻行情。此外，從短線角度來講，股價也有向上反彈再碰觸箱頂的趨勢，可以說是在中短線投資中較佳的買入點。

▲圖 5-10　法爾勝 2019 年 1 月至 4 月走勢圖

　　圖 5-10 中可以看到，股價在短期上漲後的高點長期震盪。如圖中的標注所示，當股價隨著震盪的持續而再度回落至震盪區低點時，此時的成交量呈極度縮量形態，這是主力持股數量較多、空方無力使股價降低的訊號。而且，震盪區低點也是一個很好的反彈買入點，在實盤操作中，此時我們可以大膽買入。

5.9

縮量倒三角形態出現，
可積極買股入場

　　「倒三角回升」形態，由一條長陰線之後的連續多條小陽線組合而成，「縮量倒三角」則是指包括長陰線當日的多個交易日內，成交量處於相對縮小的狀態。一般來說，連續小陽線時的量能萎縮得更為明顯。

　　低點縮量倒三角回升形態出現在短線低點，特別是在股價短線上衝後再度回探前期低點位時。此時股價無力破位下行，只要股價中短線累計漲幅小、短線跌幅大，此型態大多能準確地預示一波上攻行情的展開。在實盤操作中，如果長陰線之後出現了連續的縮量小陽線，並且此時的股價短線漲幅小，則縮量倒三角形態已完全形成，那麼我們可以積極買股入場。

　　圖 5-11 中可以看到，股價的中短線跌幅較大，此前有明顯的獨立上攻行情。在這個股價將要破位下行、短線跌幅較大的位置，出現了縮量倒三角形態，表示這是一個階段性的反轉訊號，說明多空力量對比已經發生轉變，在實盤操作中，我們可以短線買入。

▲圖 5-11　首鋼股份 2018 年 12 月至 2019 年 4 月走勢圖

5.10

看到平量式攀爬上穿震盪區間，應耐心持股待漲

　　平量式攀爬上穿震盪區間形態，是一種揭示主力參與股情況的量價形態。個股首先出現了持續時間較長的橫向震盪價格走勢，這是一種常見的運行格局，此時很難判斷是否有主力參與其中，多數投資人只能結合震盪走勢進行波段式的高賣低買操作。一旦股價有向上穿越震盪區的趨勢，投資人很難作出判斷。但利用這種量價形態，我們可以判斷股價是會開啟突破上攻走勢，還是會再度折轉返回震盪區間內。

當股價向上運行至震盪區頂部時，若攀升速度緩慢、股價重心緩緩上移，並且此時的成交量未見放大，呈現出一種平量式的狀態，則預示著經過震盪走勢之後，主力已經擁有了較多的籌碼（此時的主力已有較強的參與能力，同時股價向上緩慢攀升，是股價脫離主力成本區域的訊號）。在實盤操作中，此時我們應耐心持股待漲，等待主力的進一步拉升，而不是過早地離場。

圖 5-12 中可以看到，股價經歷了長期的震盪，上下震盪幅度不大，累計漲幅較小，但震盪走勢並不預示著一定有主力參與其中，股價運行方向不明朗。隨著震盪的持續，當股價再度上漲至震盪區的相對高點時，如圖中的方框所標注，以連續平量的方式突破震盪區。

此時全盤獲利，但獲利拋售盤不多，表示主力參與能力較強，結合股價累計漲幅不大且想要突破的價格形態來看，有望迎來一波上攻走勢。在實盤操作中，此時我們可以積極跟隨。

▲圖 5-12　盈峰環境 2018 年 10 月至 2019 年 3 月走勢圖

5.11

中短線急跌後回升縮量，
有望出現一波反彈走勢

　　中短線的急速下跌，往往會出現在股價的一波上衝之後。此時，或由於利空消息影響，或由於主力突然反手出貨，股價開始了「雪崩」走勢，中短線跌幅大、跌速快，但這種走勢也容易引發強反彈行情。一般來說，如果股價在中線已有較大跌幅，且短線再度出現快速大幅跳水（以兩三條長陰線的方式呈現），那麼此時股價走勢一旦止穩且以連續多日的小陽線縮量回升，則預示著短期內的做空力量已消耗殆盡，有望出現一波反彈走勢。在實盤操作中，我們可以適當參與，從而獲取反彈收益。

　　圖 5-13 的股價中線跌幅大、短線跌速快，如圖中的標注所示。在連續 2 條長陰線，股價跌至 5.05 元後，股價隨著連續的小陽線而緩慢回升，回升時的量能萎縮。這是股價止穩的訊號，也預示著反彈行情的展開，我們此時可以進行短線買入操作。

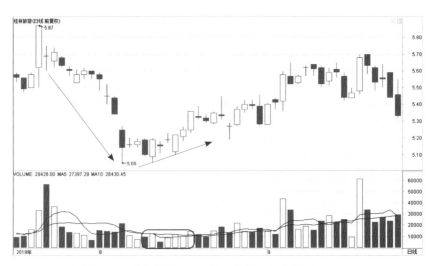

▲圖 5-13　桂林旅遊 2019 年 7 月至 9 月走勢圖

5.12

放量突破後，
應逢短線回檔之際買入

　　「寬震式漲跌」是指盤中振幅較大的陰線、陽線在數個交易日內交替出現的量價形態。即這幾個交易日的盤中波動幅度較大，但由於陰線、陽線交替出現，股價沒有上漲。「放量突破」則是指股價突破這個短線寬幅區間時，出現了明顯的放量。

　　寬震式漲跌是股性開始明顯活躍的訊號，多與主力積極參與有關，此時的量能也會因盤中震盪幅度的加大而放大，股價運行方向尚不明確。隨後的放量突破則表明主力資金的行為是做多的，而且經歷了寬幅震盪區間後，多方已明顯佔據主動地位，這是有望展開一輪上攻行情的訊號。在實盤操作中，我們可以在放量突破後，逢短線回檔之機買入。

　　從圖 5-14 可以看到，股價在長期盤整之後出現了寬震式漲跌形態，隨後的放量

▲圖 5-14　億帆醫藥 2019 年 8 月至 2020 年 2 月走勢圖

突破表明主力在積極做多。寬震式漲跌是多空分歧明顯的標誌，主力此時的參與能力並不是很強，若是沒有明顯的利多消息驅動，股價很難實現突破後立即飆升的走勢。在實盤操作中，當股價放量突破寬幅震盪區後，可跟隨買進。

5.13

震盪活躍式量能，
可累計的漲幅不大

　　所謂「主力股」，是指從價格走勢中可以明顯看到有主力在其中參與的個股。一般來說，依據量價形態，我們可以判斷出主力的存在。這類個股，其價格在進入高位區後，若正遇大盤系統性調整，往往也會隨之暴跌，主力很可能在高位區出貨數量較少，或者在暴跌後的低位區又進行了加碼。此時，判斷主力是否會進行新一輪的拉升是關鍵，其中的「震盪活躍式量能」，就是用來判斷主力行為的依據之一。

　　「震盪活躍式量能」是指在震盪過程中，雖然股價短線波動幅度較大，但股價重心在上移。此時，成交量明顯放大，而且股價也剛剛脫離近期最低點，累計漲幅不大。

　　我們來看看圖 5-15 中該股的價格走勢變化過程。首先，股價在中長期低點出現了一波反彈走勢，這一波反彈，雖然讓前期震盪平台區的籌碼處於解套狀態，但成交量沒有明顯放大，說明市場浮額較少、解套盤未「蜂擁而出」，這也從側面驗證了主力仍參與在其中。

　　隨後，借助於利多消息，股價以無量漲停板的方式實現了短線飆升。但是，在高點位運行不久後，股價又受大盤系統性下跌的影響，而出現了新一輪的暴跌。主力是否已在反彈過程中快速出貨？這個問題暫時難以判斷。

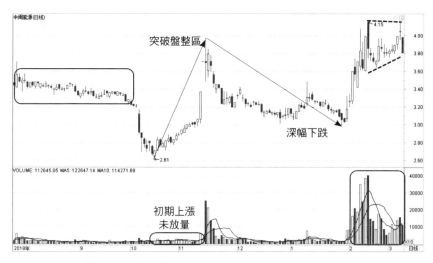

▲圖 5-15　中閩能源 2018 年 7 月至 2019 年 3 月走勢圖

　　但隨著低點止穩走勢，及隨後反彈過程中的「震盪活躍式量能」的出現，我們預計主力仍有再度拉升股價的意願，且此時股價距低點的累計漲幅不是很大。因股價反覆波動，主力的持有成本也相對較高，震盪活躍式量能又表明了主力積極參與的行為。在實盤操作中，震盪活躍式量能形態構築期間，正是我們逢回檔低點買入的好時機。由圖 5-16 中可以看到，在主力的積極參與下，股價漲勢強勁，遠強於同期大盤。

▲圖 5-16　中閩能源 2018 年 10 月至 2019 年 4 月走勢圖

5.14

跌勢中巨量陰線後的
反彈點，可能有下跌風險

下跌途中的中短線買入機會並不多，且常出現在急速下跌之後，由於技術面要求
及短線做空力量的減弱，常會有反彈行情出現。

跌勢中巨量陰線後的反彈點形態，就是在跌勢中獲取反彈收益的一種量價形態。
首先，股價的中短線跌幅已經較大，如果股價剛剛跌破高位整理區、距離最高點較近
（少於 20%），則不宜參與。

在下跌途中，股價以一條（或連續兩三條）巨量長陰線再探新低，長陰線當日的
量能遠高於此前的均量水準，股價呈加速下跌狀。隨後，一旦股價走勢在數日內止穩，
多預示著短期內的做空力量釋放過度，若同期大盤走勢相對穩健，則股價有望迎來強

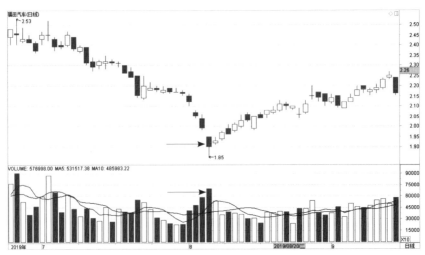

▲圖 5-17　福田汽車 2019 年 6 月至 9 月走勢圖

勢反彈。

這類形態的重點是長陰線的「放量」,只有放出了巨量,且在中短線跌幅較大的位置點,這種反彈行情才能「一觸即發」,因為巨量陰線可以被看作是空方力量消耗過度的表現。

對於這類形態來說,由於是在跌勢中獲取反彈收益,因此我們更應注重倉位的控制,並密切留意股價短期走向。一旦數日內股價無法回升,始終無法脫離我們的建倉成本區,則應考慮賣出,規避股價有可能出現新一輪的下跌風險。

由圖 5-17 中可以看到,股價走勢呈震盪下跌狀,且下跌趨勢明顯,這是多空力量整體對比格局轉變的表現,此時我們不可過早抄底入場。但隨著震盪走勢的持續,如圖中的標注所示,一條巨量長陰線使得股價快速下跌,中短線的跌幅極大,我們此時可留意反彈行情的出現。隨後幾日的走勢止穩,就是我們短線入場、獲取反彈收益的時機。

5.15

漲停板次日巨量陰線, 為股價短暫的快速回落走勢

漲停是股價啟動的訊號,也是主力參與的標誌之一。當股價以漲停板強勢突破啟動時,主力很可能因為市場浮額較多、拉升阻力較大而先賣出一些籌碼,這時多以放量長陰線形態為主要表現方式。

漲停板次日巨量陰線形態,是指股價先以一個盤面走勢強勁的漲停板向上啟動,這個漲停板早盤鎖位、全天未打開,當日量能放大不明顯,是典型的強勢漲停。次

日，股價慣性開高，但在盤中卻節節下滑，收於一條放量長陰線。

　　如果在隨後的幾日，股價能夠止穩、不延續長陰線後的弱勢運行格局，且股價累計漲幅小、正處於長期盤整後的突破起點，則這種「強勢板＋放量長陰線」的組合形態，多為一次股價短暫的快速回落走勢，我們可以擇機買入。

　　由 5-18 的分時圖中可以看到，股價在長期盤整之後，在 2019 年 4 月 4 日出現了一字板的漲停板形態，結合股價正處於突破盤整區這一情況來看，這是股價再次啟動的訊號，也是主力有意拉升的訊號。但是，長期的盤整也使得市場浮額過多。次日，股價開高走低，出現放量長陰線，在放量長陰線隨後幾日內止穩，此時是我們短線入場的好時機。

　　也有個股在兩個漲停板之後，出現了這種放量長陰線的價格走勢，「兩個漲停板」往往也對應「兩條放量長陰線」。在實盤操作中，第一條放量長陰線並不是最佳的入場抄底點，下面結合案例加以說明。

　　圖 5-19 中可以看到，股價走勢在連續兩個漲停板之後，出現了兩個交易日的放量長陰線。由於股價累計漲幅較小、無利空因素，出現這種形態往往是因為該股有題材面支撐，但主力手中籌碼不夠。在實盤操作中，這類股價走勢往往極為迅捷，我們

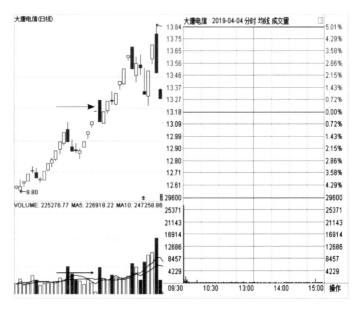

▲圖 5-18　大唐電信 2019 年 4 月 4 日分時圖

應密切注意盤面變化。一旦出現盤中股價走勢不弱，那麼此時往往就是主力選擇再度拉升的時機。圖 5-20 為兩條長陰線後第二個交易日的分時圖，股價並沒有延續大幅走低的弱勢，而是低開探低拉起，這是股價短期內整理完畢、有望展開新一波上漲走勢的訊號。在實盤操作中，我們應及時跟上，把握買入時機。

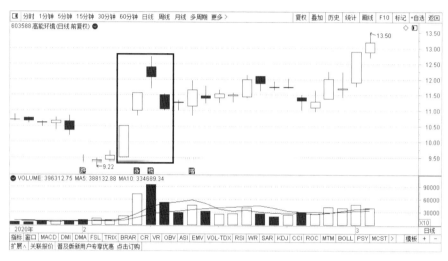

▲圖 5-19　高能環境 2020 年 1 月至 3 月走勢圖

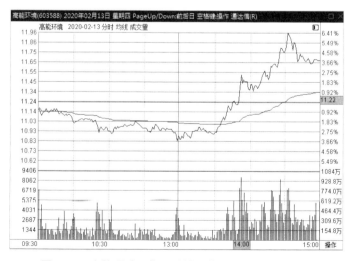

▲圖 5-20　高能環境兩條長陰線後第二個交易日的分時圖

第 **6** 章

我用日 K 線與成交量，
預測「暴跌股」！

6.1

單日放量長上影陽線，
應賣出股票以迴避風險

　　在第 5 章中，筆者講解了預示股價上漲的量價形態，依據這些形態，我們更能掌握中短線的買入機會。與此相對的則是預示股價下跌的量價形態，它們是風險的象徵。在股市中，把握機會只勝利了一半，要想長久地在股市中生存下去，還需要懂得迴避風險的方法，透過講解本章中的這些量價形態，相信可以幫助讀者從量價角度更好地迴避風險。

　　單日放量長上影陽線形態，是指股價當日收出陽線但上影線較長，一般來說，上影線長於陽線實體，且當日量能明顯放大。

　　這種形態常出現在一波上漲後的短線高點，是股價在盤中上衝時遇到較大賣出阻

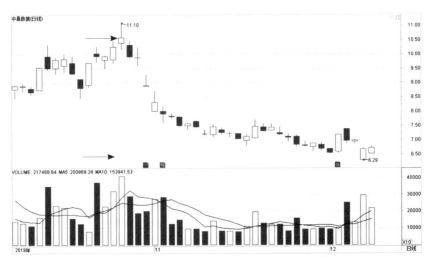

▲圖 6-1　中昌數據 2019 年 10 月至 12 月走勢圖

擋、上攻受阻的訊號，預示著股價有短線回落的可能。在實盤操作中，此時我們應賣出股票以迴避風險。

　　如圖 6-1 中可以看到，股價上漲後的短線高點，出現了單日放量長上影陽線的形態，這是股價上漲遇阻、空方賣壓較大的訊號，也是股價短線回落的訊號。

6.2

放量陰孕線組合，表示空方賣壓較重

　　「孕線」是一種前長後短的雙日 K 線組合形態。後面一條短 K 線的最高價低於前面一條長 K 線的最高價，且後面一條短 K 線的最低價，高於前面一條長 K 線的最低價，這使得後面的 K 線猶如「孕於」前面的長 K 線，故得名「孕線」。

　　在孕線形態中，如果前面的一條長 K 線為陽線，後面的一條短 K 線為陰線，這種孕線被稱為「陰孕線」。陰孕線多出現在一波上漲走勢後的高位區，如果陰孕線形態伴有量能的放大，則表明空方賣壓較重、多方上攻無力，預示著即將出現一波回檔下跌走勢。

　　如圖 6-2 中可以看到，股價的上漲走勢一直很穩健，並沒有短線飆升，僅從日 K 線圖來分析，很難預測到股價會短線回落，但此時的成交量卻發生了異動。如圖中的標注所示，在高點位的盤整過程中，出現了放量陰孕線組合，這兩日的量能異常放大，正是市場賣壓突然加重、多方無力推升股價的訊號，也預示了股價的見頂回落。在實盤操作中，就中短線而言，由於股價中線累計漲幅較大，此時我們應賣出股票以迴避風險。

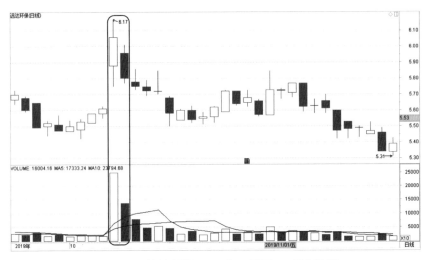

▲圖 6-2　遠達環保 2019 年 9 月至 11 月走勢圖

6.3

短線上衝單日天量，
回落幅度大

「單日天量」也稱「脈衝式放量」。它是指成交量在單獨一個交易日（或兩個交易日）內突然大幅度放出，其成交量可達到正常水準的 4 倍以上，隨後又突然恢復如初。從成交量的直條圖來看，這一日的放量效果十分明顯，猶如躍動式閃現的電脈衝，打破了量能連續平穩變化的節奏。

短線上衝時的單日天量，伴以當日的長陽線，給人的第一感覺是放量上攻、行情

可期，然而，這是因為我們不瞭解脈衝式放量上漲的市場含義。隨後的股價走勢表示，這種直接的感覺往往是錯的。

在常態下，市場交投有一個相對連續的過程，量能展現了多空雙方的競爭力度，基於市場交投的連續性，量能的放大與縮小也不會過於突兀。但脈衝式放量明顯打破這種連續性交投格局，它是量能的一次偶然性躍動。突然放量、又突然恢復如初，顯然是由某種原因驅動的。只有充分理解脈衝式放量形態的成因，我們才能更完整地掌握這種形態。

在短線上衝時出現的脈衝式放量長陽線，往往會形成一種「放量上漲」的市場氛圍，吸引跟風盤買入，而主力則積極出貨。因此，脈衝式放量當日的盤中高點往往也就是短線高點，股價在此之前短線漲幅較大，但隨後的回落速度快、回落幅度大。在實盤操作中，我們應注意該類風險。

圖 6-3 中可以看到，股價的一波上漲使其突破了盤整區，並在 2019 年 10 月 15 日加速上漲，當日的量能也達到了峰值，從該股此前的成交量表現來看，這種放量效果是難以持續的。

我們可以看到圖 6-4 中，當日出現天量是因為開盤後不久，股價就衝高至漲停板附近，但未能收漲停，從而引發了巨量賣出。結合股價短線漲幅較大，且並無明顯熱門題材支撐來分析，這很有可能是多空力量轉變的訊號。在實盤操作中，我們在當日

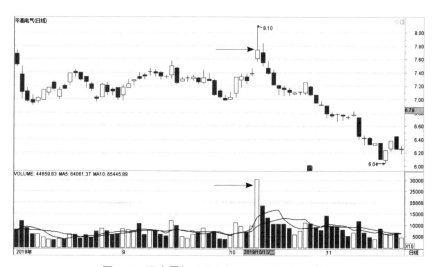

▲圖 6-3　平高電氣 2019 年 8 月至 11 月走勢圖

收盤前應賣出或減碼。次日，該股成交量大幅度萎縮，表示 2019 年 10 月 15 日的單日天量形態，是明確的短線見頂訊號。

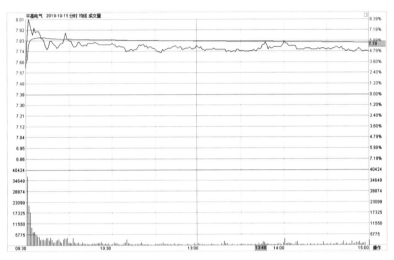

▲圖 6-4　平高電氣 2019 年 10 月 15 日分時圖

6.4

放量上漲中探頭式量能，隨時可能反轉下行

　　放量上漲中的探頭式量能形態，是指股價以放量的方式實現上漲。上漲過程中，在某個交易日中量能進一步放大，但次日量能恢復如初。

　　探頭式量能的出現，說明股價的中短線上漲已是強弩之末，多方力量已有了較大的消耗。如果股價短線漲幅較大、漲速較快，則探頭式量能一旦出現，往往就是股價短線見頂回落之時；如果股價之前的上漲相對穩健，那麼雖然隨後幾日仍能進一步上漲，但上漲基石已不牢固，隨時有反轉下行的可能。

　　在 6-5 的走勢圖中，股價以穩健的中小陽線方式向上突破了盤整區間，但在累計漲幅不大的位置點出現了探頭式量能，預示著此輪突破行情的根基並不牢靠。在隨後的若干交易日內，我們應逐步減碼離場、鎖定利潤。

　　圖 6-6 與圖 6-5 的案例不同，圖 6-6 該股價格的短線上漲走勢較為迅速、漲幅大，此時出現的探頭式量能，大多是股價短線見頂的訊號，特別是該股價格在次日又出現了滯漲。在實盤操作中，此時我們應果斷賣出。

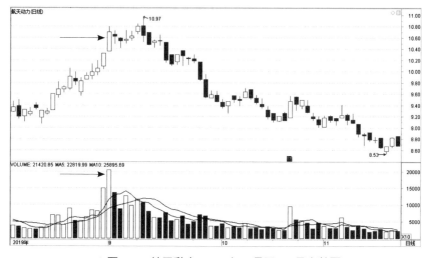

▲圖 6-5　航天動力 2019 年 8 月至 11 月走勢圖

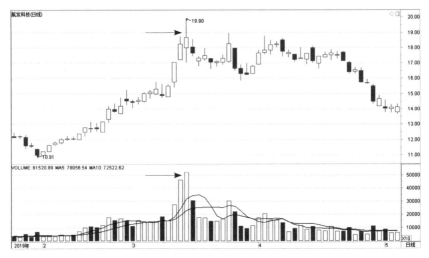

▲圖 6-6　航發科技 2019 年 1 月至 5 月走勢圖

6.5

遞增放量下的量能峰，
是股價的階段性高點或低點

　　逐級式遞增放量形態，是指在一波快速上漲過程中，股價連續收出陽線，且成交量呈現出逐級放大式的遞增特徵。所謂的逐級放大式，即後一交易日的量能略高於前一交易日，5 日均量線呈快速上揚狀。

　　遞增放量是一種只能持續數個交易日的局部放量形態，其往往與股價走勢沿某一方向快速發展有關，是買盤持續加速流入（遞增放量與股價上漲同步出現）或是賣盤持續加速拋售（遞增放量與股價下跌同步出現）的表現。在實盤操作中，我們應關注遞增放量形態下的量能峰值點，因為這裡往往也是股價的階段性高點或股價的階段性低點。

　　圖 6-7 在股價震盪走高並創出短線新高的一波行情中，出現了連續 4 日逐級放大的遞增放量形態，在第四個交易日股價收出長陽線，且量能創出近期新高。結合該股的歷史表現來看，此時的量能難以再度放大，且短線上攻呈加速狀，在實盤操作中，此時我們可以適當減碼、鎖定利潤。

　　圖 6-8 在一波反彈走勢中，股價連續 5 天上漲，量能遞增式放大。如圖中的標注所示，此時，量能無法進一步放大，這是反彈結束的訊號。在實盤操作中，若我們想要短線獲取反彈收益，則此時應賣出。

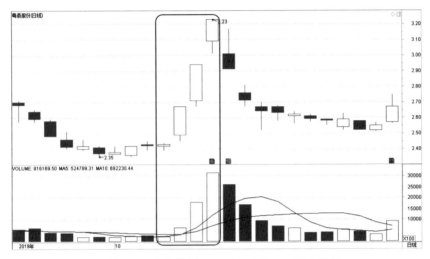

▲圖 6-7　粵泰股份 2019 年 9 月至 10 月走勢圖

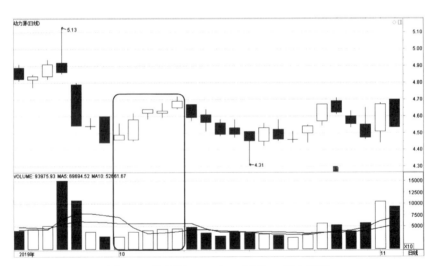

▲圖 6-8　動力源 2019 年 9 月至 11 月走勢圖

6.6

大幅放量式滯漲有兩種
表現形式

大幅放量式滯漲形態也常被稱為「堆量滯漲」，這種形態是指在短線高點，個股連續多個交易日明顯放量，量能的放大效果相近。但此型態下股價並未明顯上漲，即量能的大幅放出無法推升股價，股價會呈滯漲形態。

堆量滯漲主要有兩種表現形式。一是，在橫向滯漲過程中，以中小陽線、陰線居多，股價在每個交易日的盤中振幅不是很大。此時，僅從 K 線走勢來看，股價的運行相對平穩，未見明顯異常，如果不借助於成交量，我們幾乎難以做出有效的判斷。二是，在橫向滯漲過程中，長陽線、長陰線交錯出現，股價在每個交易日的盤中振幅都較大。

這兩種表現形態雖有所不同，但它們的市場含義是相近的。既然放大的量能無法推升股價，並且由於交易是雙向的，那麼，這種放量也就表示短期內賣壓很沉重。而大幅度的放量，又大程度地消耗掉短期內的市場潛在買盤，嚴重削弱多方力量，預示了股價的調整。

圖 6-9 中股價因利多消息的驅動而漲至短線高點，此時股價上下震盪，長陽線、長陰線交替出現，量能急劇放大，但股價無法上行。這屬於多個交易日盤中股價振幅較大的放量滯漲形態，是多空分歧過大的標誌，也呈現了沉重的賣壓。在實盤操作中，我們應及時在逢盤中震盪衝高時賣股離場。

圖 6-10 中可以看到，在短線漲幅較大的位置點，股價橫向滯漲，K 線圖呈小幅度波動狀。單看 K 線的運行，這似乎是上升途中的一個中繼整理平台，但結合同時間的量能情況分析後發現，這屬於短線高點的放量滯漲形態，是一個危險的訊號，預示著股價的調整。在實盤操作中，此時我們應賣出股票以迴避風險。

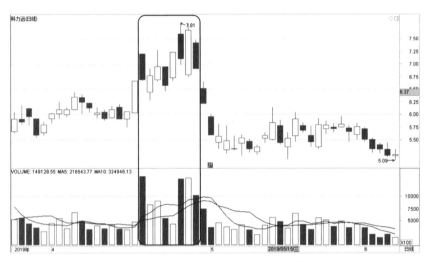

▲圖 6-9　科力遠 2019 年 3 月至 6 月走勢圖

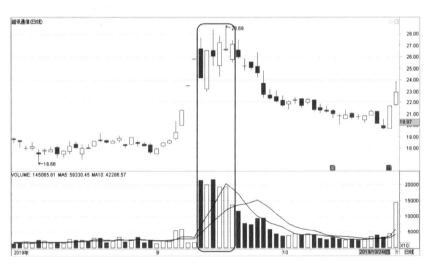

▲圖 6-10　超訊通信 2019 年 7 月至 11 月走勢圖

6.7

高位整理區突然縮量，
股價走勢多會震盪緩跌

　　股價經歷了長期上漲之後會進入高位區，在這個區間，我們難以判斷股價走勢。因為股價前期的獨立上漲，表示有主力參與此股，所以結合量價形態的變化來分析是重點，也是關鍵。

　　如果股價在高位整理區中運行時，突然出現了量能大幅度萎縮的震盪形態，那麼這種量價關係的轉變，往往預示著多方力量開始趨於枯竭，而空方賣壓則陸續釋放中。這是多方力量轉弱、空方力量轉強的訊號，預示著頂部的出現，也是中長線投資人賣股離場的訊號。

　　運用這一量價關係時，應注意兩點。一是，股價的累計漲幅。只有在股價的累計漲幅較大、個股處於明顯高估狀態時所出現的這種縮量滯漲形態，才是可靠的趨勢反轉訊號。二是，要準確地識別出何為滯漲形態。整理形態一般會使得股價重心上移，而滯漲形態則不同，由於空方力量開始佔據優勢，因此股價走勢多以震盪緩跌、股價重心下移等為表現形式。

　　圖 6-11 中可以看到，股價此前的上漲具有很強的獨立性，主力參與明顯。隨著累計漲幅加大、主力拉升放緩，股價進入了高位震盪區，此時的股價重心無法繼續上移，我們也應留意趨勢的反轉。如圖中的標注所示，此時出現的整理區突然縮量形態，就是股價盤整之後將破位下行的訊號，也是提示中短線投資人賣出離場的訊號。

　　對於價格累計漲幅巨大的個股來說，它們多有主力積極參與。當股價進入高位區時，若股價長期震盪滯漲且量能極度萎縮，則表示雖然此時主力的能力依舊較強，但由於主力獲利空間巨大，股價在高位區的狀態是極不穩定的。一旦大盤出現回檔或主力有意大力出貨，那麼個股破位下行的空間極大。在實盤操作中，我們應規避此類個股。

　　圖 6-12 中可以看到，股價在高位區長期震盪滯漲運行，此時量能極度萎縮，股價走勢雖獨立於大盤。但由於主力獲利幅度大，股價破位下行的機率也隨著震盪的持續而增加，散戶不宜參與此類股票。

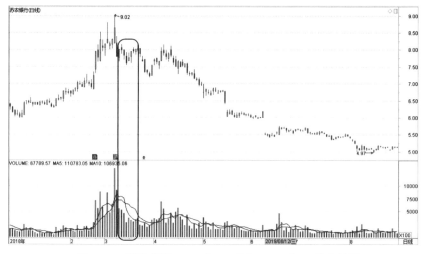

▲圖 6-11　蘇農銀行 2018 年 12 月至 2019 年 8 月走勢圖

▲圖 6-12　卓勝微 2019 年 6 月至 12 月走勢圖

6.8

震盪破位前突然縮量，
預示主力參與能力提升

　　在橫向的震盪運行中，即使股價重心略有上移，但如果震盪期間沒有主力入場，則隨著多空交投趨於冷清、市場人氣逐漸低迷，股價還是極有可能破位下行的。在實盤操作中，很多股票在震盪破位之前（即使震盪區間的累計漲幅不大），常常會出現突然縮量的形態特徵，這是一個警示風險的訊號。

　　在實盤操作中，有時難以分析震盪之後的突然縮量，究竟是因為主力參與能力提升、積極鎖籌，還是因為市場交投趨於冷清、買盤無意入場。此時，我們可以關注縮量時的 K 線形態特徵。如果此時的陰線實體明顯較長，多預示著買盤無意入場、空方力量有轉強趨勢；反之，多預示著主力參與能力有所提升。下面筆者將結合案例加以說明。

　　圖 6-13 可以看到在橫向震盪過程中，成交量大幅萎縮，陰線實體明顯較長，這是股價破位前的警示訊號。

▲圖 6-13　韓建河山 2019 年 5 月至 2020 年 2 月走勢圖

6.9

穿越式長陰放量反轉，
此時應果斷賣出

　　穿越式長陰放量反轉形態常出現在盤整走勢之中，從 K 線形態來看，它往往是開高走低的長陰線，陰線實體極長，使當日的收盤價接近或跌破了原有的橫向震盪區間。這種長陰線多伴有量能的放大，是主力資金快速出貨的重要訊號。

　　一般來說，若同期大盤走勢較弱，一旦股價走勢中出現了這種類型的放量長陰線，說明股價隨後的短線跌速快、跌幅大。在實盤操作中，為了資金安全，此時我們應果斷賣出。

　　圖 6-14 中可以看到，股價在高位區出現了橫向震盪走勢。此時，一條開高走低的放量長陰線極為明顯，它是趨勢反轉的訊號，預示著將展開一輪快速下跌行情，是明確的賣出訊號。

　　很多時候，我們不一定要等到收盤時才確定這是開高走低的放量長陰線，在盤中可以判定的前提下，逢反彈之機賣出是更好的選擇。

　　圖 6-15 的分時圖中可以看到，該股早盤放量跳水，而從圖 6-14 中可以看到當日量能明顯放大，盤中跌幅較大，股價一直運行於均價線下方，這是資金加速撤出、多方無力反擊的訊號。

　　結合圖 6-14 中的放量長陰線來看，股價走勢已呈破位狀，我們應果斷賣出，不必等到收盤時再做決定。

　　圖 6-16 股價在震盪下跌的過程中出現了一波反彈，反彈時出現了一條開高走低的放量長陰線，這是反彈行情快要結束的訊號，也預示了將展開新一輪下跌行情。在實盤操作中，我們應注意股價走勢快速轉變的特徵，結合個股及大盤的變化，及時調整買賣策略。

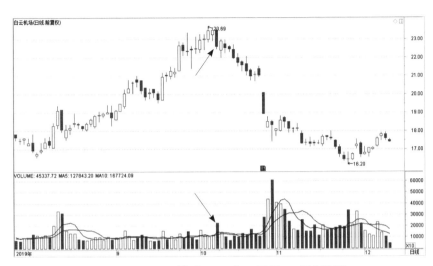

▲圖 6-14　白雲機場 2019 年 7 月至 12 月走勢圖

▲圖 6-15　白雲機場 2019 年 10 月 14 日分時圖

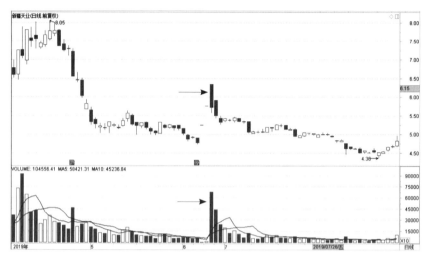

▲圖 6-16　新疆天業 2019 年 4 月至 8 月走勢圖

6.10

 ### 跳空破位放量長陰線，
此時不宜過早抄底買入

　　一旦股價步入跌勢時，「跌勢不言底」這句用來警示風險的名言，可能被那些喜歡抄底的投資人所忽略。在跌勢中，能以更低的成本買入固然重要，但是若低點的整理只是暫時的，則此時買入無疑是十分危險的。從時間的角度來看，當前的低點很可能就是以後的高點。

　　跳空破位放量長陰線形態，是我們判斷跌勢是否見底的重要形態之一。若股價以

一條跳空低開、盤中放量低走的長陰線降至新低，則多表示市場中賣壓依舊十分大，當前的這個低點很難形成真正的底部區。在實盤操作中，此時我們不宜過早抄底買入。

圖6-17中可以看到股價自高點位開始震盪下行，並明確步入下跌通道。這時，我們應以應對跌勢的方法進行操作，中長線投資人可持幣觀望，短線投資人則可以結合股價及大盤的波動情況，適當參與以獲取反彈收益。

如圖中的標注所示，一條跳空低開的放量長陰線加快了股價的下跌速度，放量長陰線之後是持續的小陽線、小陰線，股價出現止穩走勢。這條放量長陰線只是股價下跌途中的第一次加速下行，距離頂部並不遠，下跌趨勢並未見底，此時我們不宜過早抄底入場。

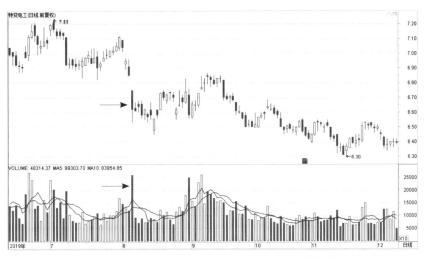

▲圖6-17　特變電工2019年6月至12月走勢圖

6.11

高點收漲的天量陰線，其轉向後的下跌幅度會較大

高點收漲的天量陰線形態出現在短線快速上漲過程中，此時股價跳空上漲，盤中慣性上衝，但在高點遇到賣出阻擋，股價會出現一定的下滑。至收盤時，收盤價低於開盤價，當日收出陰線，但股價仍然處於上漲狀態，跳空缺口未回補。

這種盤中走勢伴以明顯放大的量能，是多空力量對比格局在盤中快速轉變的標誌，多預示著短線上攻走勢的結束。由於股價短線漲幅較大，其轉向後的下跌幅度往往會較大，跌速也會較快。

圖 6-18 中可以看到，一波短線快速上漲之後，股價在早盤慣性衝高、隨後快速下滑。在圖 6-19 此盤中運行情況圖中，股價在早盤開高走高的原因是慣性上漲，隨

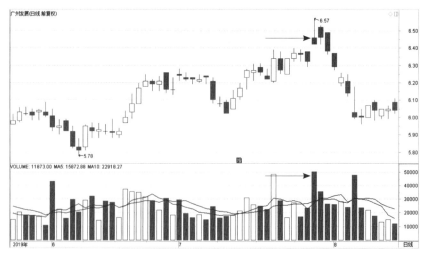

▲圖 6-18　廣州發展 2019 年 5 月至 8 月走勢圖

後快速跌破均線，反彈無力，這是多空力量轉變的訊號。如圖 6-18 所示，當日量能明顯放大，結合股價在盤中震盪下行的情況來看，主力已開始出貨，因此，每一次的盤中反彈都是我們減碼、賣股的好時機。

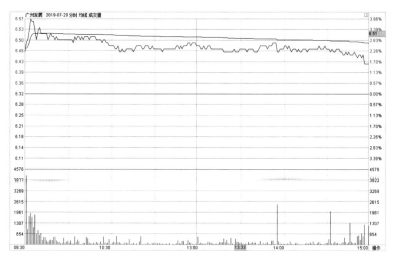

▲圖 6-19　廣州發展 2019 年 7 月 29 日分時圖

6.12

飆升股量價緩慢下滑時，應果斷賣出

　　飆升股量價緩慢下滑形態，出現在股價短線大幅飆升之後。由於股價飆升，成交量也大幅放出，但這種走勢持續的時間較短。隨後，股價失去了上漲動力，在短線高點處，交替出現的小陰線、小陽線使得股價重心下移，同期的成交量也開始不斷下滑，這就是「量價緩慢下滑」形態。

　　在短線高點處，這種形態是多空力量對比緩慢轉變的標誌，即多方力量緩慢減弱、空方力量緩慢增強，是一個由量變到質變的過程。一旦多空力量轉變結束，將展開短線加速下跌行情。在實盤操作中，我們識別出這種量價形態後，應果斷賣出，不可抱有僥倖心理。

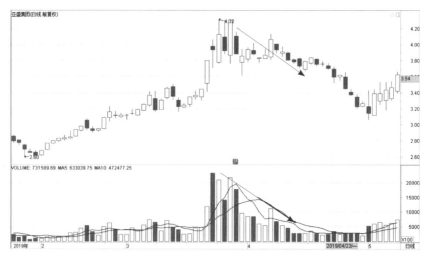

▲圖 6-20　亞盛集團 2019 年 1 月至 5 月走勢圖

如圖 6-20，股價先是出現了一波短線飆升走勢，在這期間量價齊升，成交量的放大十分明顯，這使得股價短線漲幅極大。在隨後的高點處，股價開始滯漲，小陽線、小陰線交替出現，股價重心開始下滑，成交量也隨之不斷縮小。這種量價同步緩慢下滑的形態，預示著該股難有第二波上攻行情。在實盤操作中，我們此時應果斷賣出、鎖定利潤。

6.13

巨量的長下影線，應短線賣出離場

「長下影線」是多空雙方盤中競爭較為激烈，且最終以多方佔優勢收盤時，所出現的一種 K 線形態，它往往被視作是股價上漲訊號。但是，若結合股價的局部走勢及量能來分析，則有不同的處理方式。

如果長下影線出現在短線高點處，且當日伴有巨量放出，那麼這是空方賣壓突然增大的訊號。雖然多方當日進行了有力的承接，但是當日的巨量也預示了多方力量的過度消耗。這種巨量長下影線出現當日，無論是收陽線還是收陰線，只要出現在局部高點處，都可以被看作是股價回落的訊號，此時我們應短線賣出離場。

我們可以看到在圖 6-21 中，股價在經歷了長期盤整之後開始突破上行，在短線漲幅為 30% 左右的位置點，出現了一條巨量長下影陰線，這是一個較為明確的短線反轉訊號，也是上攻行情受阻的訊號，此時我們應賣出。

在盤整走勢中，巨量長下影線形態也是我們提前作出判斷的重要依據。圖 6-22 中可以看到，股價在中線漲幅較大的位置區，持續橫向震盪運行，隨著震盪走勢的持

續，股價運行方向仍不明朗。如圖 6-22 中的標注所示，此時出現巨量長下影陰線形態，表示該股中有較多的空方賣壓，雖然當日未使股價馬上降低，但隨著多方力量的不斷減弱，股價隨後破位下行的機率加大。在實盤操作中，我們應逐步減碼、降低風險。

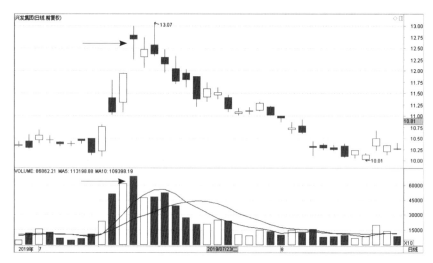

▲圖 6-21　興發集團 2019 年 6 月至 8 月走勢圖

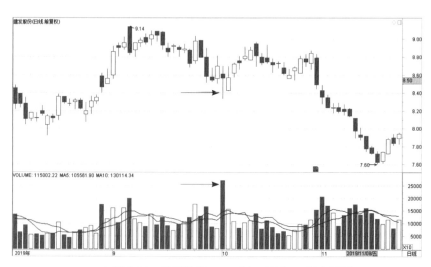

▲圖 6-22　建發股份 2019 年 8 月至 11 月走勢圖

6.14

雙陽天量出現時，
應賣出股票以迴避風險

　　雙陽天量形態，是股價短線上衝時的一種常見形態。兩個交易日均收出長陽線，且股價短線漲幅較大；這兩個交易日的放量效果相近，且遠大於其他交易日的量能。從日 K 線圖中來看，這兩個交易日的成交量十分突兀。

　　雙陽天量形態的出現，多與主力手中籌碼不多、參與能力不強有關。由於獲利浮額過多、賣壓過重，主力在拉升時遇到了強力阻擋，雖然這兩個交易日收出陽線，但卻極大地消耗了多方力量。

　　一般來說，雙陽天量常出現在低點位盤整後的突破走勢中，雖然它不是主力出貨的訊號，卻預示著股價的短線大幅調整。在實盤操作中，我們應賣出股票以迴避風險，等待股價回檔止穩後再擇機買入。

　　圖 6-23 中，股價在向上突破時短線漲速較快、漲幅較大，此時出現的雙陽天量形態是股價短線見頂的訊號。

　　對於該股來說，雙陽天量中的第二個交易日收盤前是最好的賣出時機。如圖 6-24 此分時圖中可以看到，當日股價振幅超過 10%，尾盤時又無法收漲停板，這說明經過了一天的上漲之後，由於多方力量消耗過大，因此在收盤階段已是空方佔優勢了。這是典型的弱勢型分時圖，次日低開的機率較大，結合雙陽天量這個賣出訊號進行分析後，收盤前果斷賣出、鎖定利潤是較佳的策略。

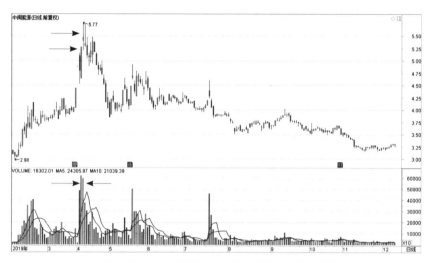

▲圖 6-23　中閩能源 2019 年 2 月至 12 月走勢圖

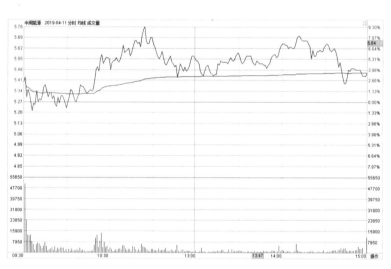

▲圖 6-24　中閩能源 2019 年 4 月 11 日分時圖

6.15

連續小陰線縮量下滑形態，
預示股價即將下跌

　　多空力量的轉換往往是一個循序漸進的過程，陰線、陽線僅代表著一天交易後的多空勝負情況。若個股連續收出小陰線、使得股價開始下滑，即使同期的量能萎縮，這也是空方力量開始轉強的訊號。特別是當股價處於短線上漲後、潛在獲利賣出較多的位置點時，這種連續縮量小陰線的走勢，很容易使得持股者失去耐心而選擇拋售，從而進一步加快股價的下跌速度。

　　一般來說，盤整後出現這種連續小陰線縮量下滑形態，往往是股價破位下行前的警示訊號，短線高點出現這種形態，則預示著股價大幅調整的展開。

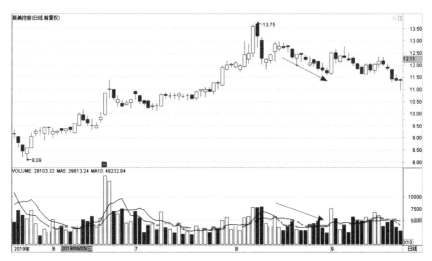

▲圖 6-25　聯美控股 2019 年 5 月至 9 月走勢圖

　　圖 6-25 中，股價在大盤橫向震盪期間經過了「特立獨行」的上漲，累計漲幅較大，主力在高位區有出貨的需求。如圖中的標注所示，此時出現了連續小陰線縮量下滑形態，這就是高位反轉、股價加速下行前的警示訊號，也是多空力量轉變過程中的一個短暫的過渡時期，如果我們不能準確地辨識它，很有可能會在高位區被套牢。

第 7 章

我用分時圖，抓到個股「最佳買賣點」！

7.1

早盤中出現放量上揚，
應逢回落的低點買入

　　日 K 線圖中的量價配合關係固然重要，但對於短線交易來說，能夠在盤中捕捉到最佳買賣點往往才是交易的關鍵。**短線的買點越低，我們在操作中就會越主動，設立的停利位和停損位就更不易受大盤偶然波動的影響。**

　　短線的賣點把握得好，就可以獲取更多的利潤，實現「正確的交易多賺、虧損的交易少賠」，有利於資金的滾動增值。而要想更精準地判斷盤中高點和低點，正確解讀盤中量價形態，就是其中的關鍵。在本章中，我們將聚焦分時圖，看看分時圖中的量價關係，能為我們提供哪些買賣訊號。

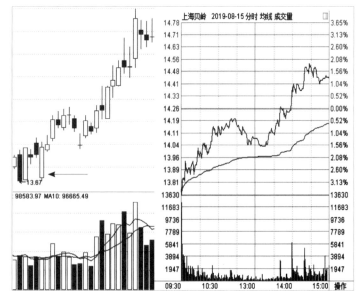

▲圖 7-1　上海貝嶺 2019 年 8 月 15 日分時圖

　　早盤是多空雙方的必爭之地，特別是對於主力而言，參與能力相對較強的主力往往會選擇在早盤拉升股價，而非尾盤。

　　如果股價中短線漲幅較小，在早盤中出現放量上揚的形態，隨後能在盤中節節走高、呈強勢運行格局，並且當日放量效果溫和，那麼多預示主力有意拉升股價、市場賣壓相對較輕，一輪中短線上攻行情或將開啟。實盤操作中，在隨後幾個交易日，我們可以逢盤中股價震盪回落的低點進行短線買入操作。

　　由圖 7-1 此分時圖可以看到，股價在緩緩攀升的過程中，當日加速上漲。早盤放量上揚、盤中節節走高，這是主力開始大力拉升股價的訊號，短期內出現一波上攻走勢的機率較大。若無明顯的熱門題材支撐，則隨後一兩個交易日就是短線入場的最好時機；若有消息、題材面配合，則當日即可追漲買入。

7.2

盤中量價齊升不回落，收盤前應積極短線買入

　　盤中量價齊升不回落形態，是指股價在盤中交易時間段出現了流暢快速上揚，主力拉升動作明顯。在快速上揚的過程中，成交量隨著股價的衝高而不斷放大，即量與價呈同步不斷上升的態勢。在隨後的盤中高點，股價強勢整理而不回落，距離下方的均價線始終有一定的距離。

　　這是一種極為強勢的分時圖中的量價組合，流暢快速的股價上揚伴以同步放大的量能，是主力大單入場拉升的表現。股價在隨後的盤中高點處不回落，說明市場獲利賣壓輕、主力參與能力強。若此時股價的中短線漲幅較小，則這種盤面形態預示著有

▲圖 7-2　中國巨石 2019 年 11 月 7 日分時圖

望展開一輪上攻行情。在實盤操作中，若當日盤中漲幅不大（小於 5%），則收盤前可以進行積極的短線買入操作。

　　圖 7-2 的當日盤中股價快速上揚，分時圖中呈現出了量價齊升的形態，而且隨後股價在盤中高點處強勢運行、震盪緩升，股價重心不回落。結合日 K 線圖來看，此時正處於低位盤整突破點，因此，可以判斷出這個強有力的上揚分時圖，是一波上漲行情開始的訊號，也是提示我們應短線入場的訊號。

　　在實盤中，與此案例形態相似但不完全相同的分時圖有很多，我們應注意其形態的變化。其中，理解形態的市場含義、學會解讀形態的變化才是關鍵。下面來看一個與此例形態相近但又略有不同的分時圖。

　　圖 7-3 中可以看到，該股在其價格盤中上揚時出現了量價齊升形態，但量價的配合還不夠理想，量能的放大不充分、分時線不夠挺拔，隨後在盤中高點股價也出現了一定的回落，但回落幅度較小。

　　綜合來看，圖 7-3 是一個與圖 7-2 形態相似但又相對「弱勢」的分時圖，但它仍不失為一個預示股價短線上漲的訊號。

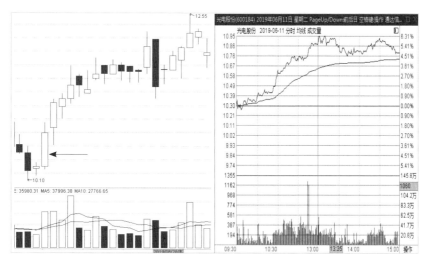

▲圖 7-3　光電股份 2019 年 6 月 11 日分時圖

7.3

量堆推升節節高，
股價中線的上漲空間可觀

　　量堆推升節節高形態，也稱為「台階式上揚」形態。從形態的角度來看，股價如同溝著台階向上漲，在每一波快速上揚後都會出現　個量能堆；隨後，股價在推升後的高點強勢橫向運行，這是一個整理過渡時期；最後，再度出現量能堆，推升股價至盤中新高點。

　　這種盤面量價形態往往是中長線主力入場，並積極拉升股價的訊號，股價的上漲

有著堅實的基礎，盤中高點的買盤承接力度也很強，市場賣壓不重。若股價累計漲幅不大或者正處於盤整後的突破點，則這種盤面形態預示著將展開一輪上漲行情，短線交易有一定的利潤空間，股價中線的上漲空間也較為可觀。

圖 7-4 中可以看到，在低位的橫向整理之後，股價在 2019 年 8 月 19 日開始向上突破。盤中出現了多次較為明顯的上漲，每一次上漲後都有一個量能堆，且上漲後的盤中高點都能夠強勢止穩運行，從而能在盤中不斷走高。這是一個強勢型的分時圖，有主力積極參與，此時是買入時機。

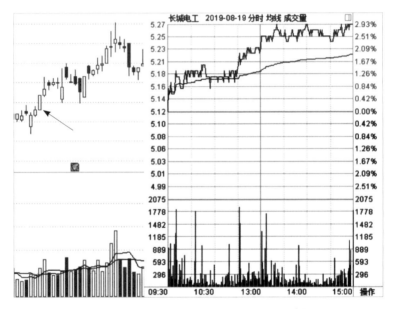

▲圖 7-4　長城電工 2019 年 8 月 19 日分時圖

7.4

活躍量能的斜線式拉升，
是低風險的買入時機

　　活躍量能的斜線式拉升形態，是顯示出主力蹤跡的一種盤面量價形態。在盤中，常常是在尾盤階段，股價的上揚走勢呈 45 度角（或 60 度角）的斜線狀，持續上漲的時間較長，整個上揚過程中的量能保持著放大的態勢。

　　一般來說，如果斜線拉升的幅度不是很大，且股價在盤中高點能夠止穩不回落，那麼表明主力參與能力較強，其拉升行為會在隨後的交易日中持續下去。在實盤操作中，我們還應關注日 K 線圖，如果這種盤面量價形態出現了中短線的低點，則是一個風險低、潛在收益高的買入時機。

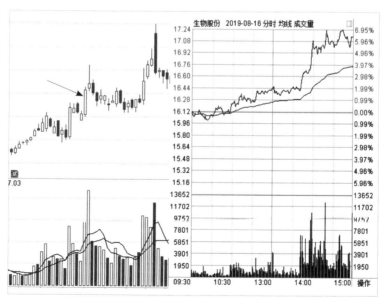

▲圖 7-5　生物股份 2019 年 8 月 16 日分時圖

　　圖 7-5 中可以看到，股價在尾盤階段出現了斜線式放量拉升，當日成交量放大，股價正處於盤整突破點。結合此分時圖所顯示出的主力參與行為分析後，可知隨後股價出現突破上攻的機率極大。在實盤操作中，我們可以短線買入，享受主力拉升成果。

7.5

低開下探帶量震盪上揚，
應趁回檔低點買入

　　低開下探帶量震盪上揚形態，常出現在一波快速下跌走勢中。股價當日慣性低開，開盤後出現了一波跳水，但隨後即在買盤的承接下開始震盪上揚，並躍升至均價線上方，成交量保持相對放大的狀態。

　　這種量價形態是短期內多空力量轉變的訊號，在實盤操作中，當股價震盪上揚、向上攀升明顯時，表示多方力量已經明顯佔據了主動地位，我們可以逢盤中回檔低點買入，因為股價在隨後的盤中節節走高的機率較大。若個股出現這種量價形態，則其收盤價往往接近全天最高價，短線買入的風險較低。

　　圖 7-6 中可以看到股價短線下跌，幅度大、速度快。當日早盤股價下探，隨後震盪上揚、放量攀升。至此，多空力量對比格局開始轉變，雖然因盤中的震盪回升，股價略有上漲，但從日 K 線圖來看，短線的反彈才剛剛開始。在實盤操作中，我們應趁盤中回檔，低點買股入場。

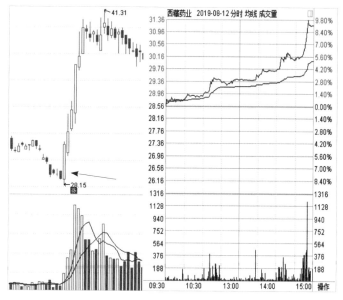

▲圖 7-6　西藏藥業 2019 年 8 月 12 日分時圖

7.6

早尾盤二度上揚，
預示買入的訊號

　　早尾盤二度上揚形態，是主力拉升股價時一種較常見的盤面形態。早盤開盤後不久，股價快速上揚，分時成交量同步放大，股價隨後在盤中橫向運行，持續時間長；在尾盤階段，股價再度上揚，分時成交量同步放大。透過這兩波拉升，股價在盤中穩

▲圖 7-7　江泉實業 2019 年 8 月 26 日分時圖

健上漲，這也是中短線內主力有意拉升股價、股價步入上升通道的訊號。在實盤操作中，如果股價突破低位盤整區或處於短線超跌狀態，則此分時圖中的形態預示著一波上攻行情的出現，這是買入訊號。

圖 7-7 中的個股在早盤階段、尾盤階段均出現了流暢、挺拔的上揚走勢，中盤階段股價強勢橫向運行，這與主力資金的積極參與密切相關。從日 K 線圖中來看，當日正處於低位整理後的突破點。結合分時圖進行分析後，可知這是主力拉升的訊號，預示著上行情的展開，是買股入場的時機。

同一個主力在買賣個股時往往會採取相同的手法，該股價格在整理數日之後的 2019 年 9 月 10 日，再度出現了首尾盤二度拉升的盤面形態。如圖 7-8 所示，首尾盤的兩波上揚也有明顯放大的量能作為支撐，與圖 7-7 的拉升遙相呼應，主力做多意願較強、做多行為堅決。此時的股價中短線漲幅較小，仍有較為充裕的上升空間，在實盤操作中，我們此時則應該耐心地持股待漲。

▲圖 7-8　江泉實業 2019 年 9 月 10 日分時圖

7.7

水平式巨量，
應第一時間離場以規避風險

　　水平式心電圖巨量形態也稱為「一字形巨量」形態，它是指個股在盤中的分時線呈水平運行，或水平式的上下跳動，分時成交量大幅放出。水平巨量形態的執行時間可長可短，短為十幾分鐘，放量較為明顯；長則幾小時，放量較為均勻，但兩者的市場含義是一樣的，不必單獨分析。

　　一般來說，在水平巨量分時線形態出現之前，股價往往會先在盤中出現一波快速

上衝走勢，隨即快速跳水，並且呈現出水平巨量的分時線走勢。

水平巨量分時圖給人的直接感覺是大買單與大賣單正展開交鋒，似乎有老主力出局，新主力在入場進貨。然而，實際情況並非如此，股價在隨後的運行中往往會快速下跌，這表示並沒有新入場的主力在積極買賣個股。

筆者就許多案例分析後，得出此形態的分時圖常出現在股價短線漲幅較大的情況，它是一種較為可靠的短線下跌訊號。在這種分時圖出現之後，股價在短期內有很大的機率將會出現急速下跌。因此，對於散戶來說，當遇到此類分時圖中的形態時，不應抱有僥倖心理，應第一時間賣股離場以迴避風險。

圖 7-9 中的股價短線漲幅較大，當日股價在盤中跳空高開，隨即向下俯衝，呈水平運行狀，分時線未呈現買賣雙方交易過程中本應出現的波動形態。而且，在水平運行中，我們可以看到量能明顯放大、大買單與大賣單交易頻繁，當日的放量效果從日 K 線圖中可以看得更清晰。這是有大資金在積極賣出的訊號，在實盤操作中，我們應及時賣出離場。

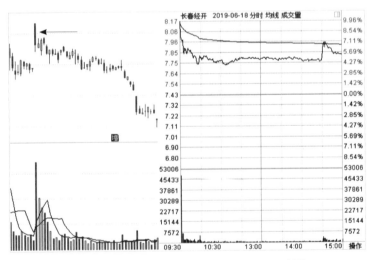

▲圖 7-9　長春經開 2019 年 6 月 18 日分時圖

7.8

「皮球落地」巨量跌停，
應逢反彈及時賣出

　　「皮球落地」巨量跌停形態，是一種有趣的比喻說法。它的形成過程一般是這樣的：當日個股因利空消息或價格短線漲速過快，先是出現了跌停或接近跌停，隨後股價在盤中被突然拉升，但在盤中高點沒有得到支撐，股價開始快速地向下滑落，向下滑落過程中的反彈力度越來越弱。整個過程如同「皮球落地」，股價最終又向下滑落至跌停價附近，當日成交量呈巨量形態。

　　這種分時圖中的形態是短線暴跌拉開序幕的訊號，也是短線主力快速出貨的標誌，在實盤操作中，我們應該逢反彈及時賣出才能更好地迴避風險。

　　圖 7-10 中可以看到，當日股價在急速上漲、開高後快速跳水奔向跌停板，並在盤中反覆鎖住跌停板；午盤之後被突然拉升超過 10%。這種拉升並不意味著有跟風盤進入，只是主力在製造多空分歧，目的就是快速出貨，隨後的盤面運行猶如「皮球落地」，當日放出了巨量。在實盤操作中，主力在盤中的快速拉升給了持股者逢高退出的時機，不可錯過。

　　圖 7-11 中的股價短線漲幅極大，短線主力對股價進行了快速拉升，在出貨時往往也十分快速，主要採取突然下跌至跌停板、然後盤中拉升的方式，從而吸引短線跟風盤入場，主力則在跟風盤入場時，減碼出貨。

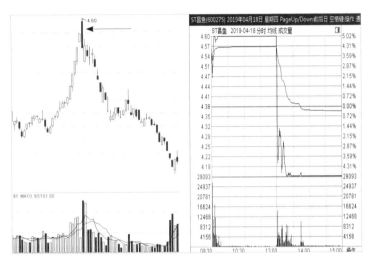

▲圖 7-10　ST 昌魚 2019 年 4 月 18 日分時圖

▲圖 7-11　東方創業 2019 年 3 月 29 日分時圖

7.9

破位前跳水式出貨，
是股價破位前的警告

快速出貨是主力常用的手法之一。**在股價短線高點或盤整之後，若主力感覺出貨較為吃力，為了節省時間，主力往往會採取快速賣出的方式來提升出貨速度**。有時候，股價盤中放量跳水之後，還能短暫地「收復失地」，在日 K 線圖上收出一條長下影線，可能是長下影陰線，也可能是長下影陽線，但它們的市場含義較為接近。這給投資人的印象是買盤承接力較強，殊不知這只是股價真正破位前的一次警示訊號，若我們不能正確解讀它，則會損失慘重。

圖 7-12 中的股價在上漲之後，當日走勢突變，早盤直線跳水並伴分時成交量的大幅放出。雖然在收盤前股價再次被拉回，但這種放量長下影線可以被看作是股價破位前的一次預演。在實盤操作中，我們此時應警惕風險，及時賣出。

▲圖 7-12　富奧股份 2019 年 4 月 19 日分時圖

7.10

向上試盤型溫和放量，
當日不是最好的入場時機

　　主力在拉升股價時，往往會採取試盤的方法，「向上試盤」就是一種常用的方法。它的形成過程是這樣的：在盤中交投較為平靜的背景下，主力突然拉升股價，拉升時間往往在幾分鐘內結束，拉升幅度大多在 5% 以內；隨後，主力放棄拉升，讓股價在盤中高點自然回落。透過股價的回落方式、回落速度、回落幅度，主力可以大致瞭解市場獲利賣壓情況，從而決定是否繼續實施拉升計畫。

　　如果在回落時，分時線能夠以均價線為支撐或者圍繞均價線運行，且當日放量溫和，那麼這是試盤效果較為理想的訊號。股價隨後稍做整理，主力對其進行拉升的機率較大，一輪上漲行情有望出現。

　　在實盤操作中，試盤當日往往並不是最好的入場時機，我們可以再觀察幾日，若隨後幾日能夠保持強勢整理的態勢，則可以買入，等待主力拉升；反之，若隨後幾日走勢較弱，則從短線角度來看，暫不宜參與。

　　值得注意的是，「試盤」應出現在主力「進貨」與「拉升」兩個環節之間，因此我們要結合個股的日 K 線圖，來判定在個股盤中出現的是否為試盤線。若此前沒有明顯的進貨區間，即使當日的盤面形態相似，也不可將其認定為試盤線。

　　圖 7-13 中可以看到，股價剛剛跳出低位盤整區，當日小幅高開後隨即上衝，但在盤中高點未獲支撐，股價順勢下滑。從成交量來看，市場賣壓並不沉重，當日量能溫和放大。在隨後幾日，股價強勢整理，這是短線入場較好時機。

▲圖 7-13　深南電 A 2019 年 6 月 11 日分時圖

7.11

「向下試盤」
是主力以拋售大單快速出貨

　　「向下試盤」是主力透過拋售幾筆大單的方式，來快速出貨的行為，這會使得股價大致呈直線下跌。隨後，主力不再出貨，以此判斷多方的承接能力，看看在股價快速下跌之後，究竟是恐慌性的賣盤更多，還是抄底性的買盤更多。

　　若股價能夠震盪回升至均價線上方，或者股價下跌後無恐慌盤賣出，則預示著試盤成功。由於賣壓很輕，當日會呈現縮量狀態（這與向上試盤時的溫和放量不同），

隨後股價有望在主力的拉升下不斷上漲，在實盤操作中，此時我們可以短線買股入場。

圖 7-14 從日 K 線圖走勢來看，股價正處於調整後的低位盤整之中，短期內有震盪突破的趨勢。如圖中的標注所示，開盤後，突然出現了幾筆大賣單使得股價快速下挫，在大賣單出現後的幾分鐘內，分時量異常放大，隨後，市場又恢復了正常的交投狀態，股價也震盪回升至均價線上方。

盤中出現這種走勢即表示，在主力向下試盤的過程中，並沒有引發恐慌性賣出的離場，這是該股籌碼鎖定程度良好的標誌，也預示了隨後股價極有可能在主力的拉升下突破上行。在實盤操作中，此時我們可以短線買入。

▲圖 7-14　中航善達 2019 年 10 月 23 日分時圖

7.12

單筆天量買單，
是主力有意拉升的訊號

　　有效推升的單筆天量買單形態，是指股價在盤中平穩運行時，多處於小幅上漲狀態，盤中出現了一筆或連續幾筆高價大買單，使得股價突然躍升了兩、三個百分點。隨後，股價在盤中高點強勢地橫向運行並且不回落，當日的量能呈溫和放大形態。

　　這種盤面形態展現了兩個市場含義：一是，突然出現的大買單使得股價有效上漲，因此，這個大買單並不是大戶的隨機性買入；二是，市場短期內的獲利賣壓較輕。綜合這兩個方面的含義來看，若股價處於中短線的低點位，則它是主力有意拉升的訊號，預示著短線上攻行情的展開，此時我們可以買入。

　　圖 7-15 中可以看到，股價處於短線盤整的位置，短期內走勢已止穩回升，當日

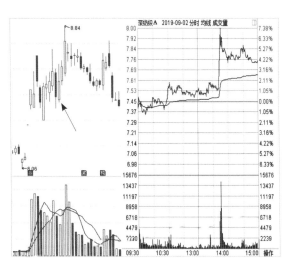

▲圖 7-15　深紡織 A 2019 年 9 月 2 日分時圖

盤中小幅上漲 2 個百分點,午盤後,單筆大買單有效推升了股價。從盤面形態來看,這一分鐘的分時量放得非常大,股價在突然上漲了約 5 個百分點後也能強勢止穩。這是主力拉升的訊號,此時的反彈幅度很小,一旦主力開始拉升,股價仍有較為充裕的上漲空間。在實盤操作中,我們可以進行買入操作。

7.13

漲停板進貨,
是主力黑馬股常用的手法

    盤中漲停板進貨,是主力資金在買賣短線黑馬股時常用的手法之一,主力一般將其用在有熱門題材支撐,且基本面良好、前期價格未出現大幅上漲的個股上。此時,為了迎合熱門題材,主力往往會借助於漲停板來製造多空分歧,於漲停板上大力買入,隨後快速拉升,實現漲停進貨、漲停拉升一體化的飆升格局。對於散戶來說,能否正確地辨識漲停板進貨形態,將直接決定其短線追漲的成功率。

    一般來說,個股在早盤階段即強勢漲停板,但也未牢牢鎖住,中短線獲利浮額在看到漲停板無法鎖住後,往往有較強的賣出意願,而真正的主力資金則會借此機會大力買入。鎖住漲停板後,為達到充分進貨的目的,個股在漲停板上會多次打開,但因主力的積極買入。從日 K 線圖來看,當日成交量明顯放大,但不會出現天量。

    當然,僅從漲停當日的盤面形態來分析只是一個方面,此外我們還要關注漲停次日的開盤情況。若主力短線拉升意願強,又於漲停價位買入較多籌碼,則主力多會利用股價上漲慣性強力拉升,以脫離自己的成本區。在漲停進貨次日,股價多會呈現小幅開高,開盤後主力因積極參與、強勢拉升,從而快速脫離成本區。

　　基於以上兩個方面（漲停當日的盤面形態、漲停次日的開盤情況），再結合個股的題材面，我們可以較為準確地判斷出，主力是否進行了漲停進貨操作，從而確定追漲的可行性。

　　圖 7-16 中可以看到，當日股價一舉突破了前期盤整平台，午盤後快速鎖住漲停板，在盤中高點交投活躍，漲停之後多次打開，當日量能明顯放大。綜合該股的日 K 線走勢，可以判斷出主力進行漲停進貨操作的機率較大。

　　到了次日，如圖 7-17 所示，可將該股開高走高的盤面形態作為進一步的驗證，在實盤操作中，次日股價開盤衝高後回落至均價線附近時，就是一個較好的短線追漲入場點。

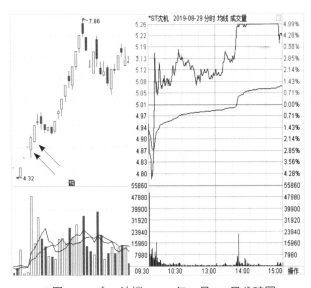

▲圖 7-16　*ST 沈機 2019 年 8 月 29 日分時圖

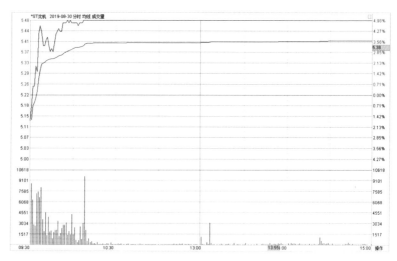

▲圖 7-17　*ST 沈機 2019 年 8 月 30 日分時圖

7.14

 **衝高跌至均價線下方，
與主力出貨有關**

　　均價線代表著盤中的支撐與阻力。股價在盤中，特別是在早盤階段，快速上衝後，若出現放量跳水式下行並直接跌至均價線下方，則多表明之前的上衝可能與主力的拉升出貨有關。

　　主力在個股早盤開盤不穩定時，快速將股價拉升到一個高點位，隨即大量拋售，股價迅速下滑，持股者難以成功賣出。當發現股價已遠離盤中最高點時，持股者往往

會產生惜售心理，希望在隨後的盤面中的賣出價位可以與最高點接近。主力正是利用持股者的這種心理，降低盤面賣壓，而自己則悄悄出貨。

　　圖 7-18 中的股價早盤快速衝高，但隨即跳水至均價線下方，跳水時量能明顯放大，這是資金撤出的訊號。一般來說，股價在盤中直線跳水幅度大、有明顯放量且經過一波跳水後直接跌破均價線，就是強弱轉化的明確標誌，常與主力的出貨行為相關，預示著中短線下跌走勢的開啟，隨後股價在盤中很難再出現強勢反彈。

　　在實盤操作中，當我們發現這種形態後，應第一時間或等股價反彈至均價線附近時，賣股離場。

▲圖 7-18　英特集團 2019 年月 10 月 16 日分時圖

7.15

45度角放量下行，
是趨勢反轉的訊號

盤中 45 度角放量下行形態，是主力資金持續撤出時的重要盤面形態之一，它的形態特徵是分時線呈 45 度角，且股價不斷下滑。這種運行態勢的持續時間較長，至少會保持半個交易日，並且隨著股價的下滑，分時量也同步地不斷放大。

45 度角放量下行常出現在午盤之後，且會一直運行至收盤，這使得收盤價接近當日最低點。

相對於盤中穩步攀升、放量走高的形態來說，下行時的放量則更為真實，因此，這種放量的 45 度角下行也表現了做空力量的強大，是隨後個股或有大幅下跌行情出現的訊號。在實戰中特別要注意的是，如果股價的中短線漲幅相對較大，在高點出現這種 45 度角放量下行形態，往往是趨勢反轉的訊號。股價短線回落後，此時我們不宜抄底入場，因為後期的下跌幅度將更大。

圖 7-19 中可以看到，當日股價處於中短線漲幅較大的高點位，早盤衝高，隨後走勢出現轉變，股價開始震盪下行，呈 45 度角放量下行，一直持續到收盤。在下行過程中，可以看到量能明顯放大，這是場內資金大量撤出的訊號，且此時的股價正處於中短線高點，在實盤操作中，我們應及時賣出該股以迴避風險。

相同的盤面形態總是預示著相同的未來走向。如圖 7-20 所示，在 2019 年 11 月 11 日股價開盤後，便呈 45 度角放量下行，當日也處於短線高點，可見主力運用了同樣的出貨手法。

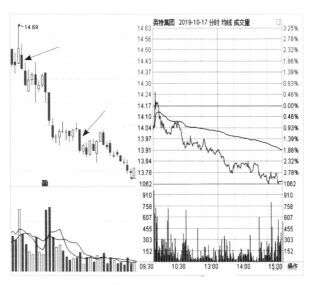

▲圖 7-19　英特集團 2019 年 10 月 17 日分時圖

▲圖 7-20　英特集團 2019 年 11 月 11 日分時圖

7.16

開盤後的閃擊漲停板，
可用兩要素分析後期走勢

開盤後的閃擊漲停板形態，是指個股在早盤開盤後的短短幾分鐘內，由於個股交投相對清淡，此時受突然的單筆大買單影響，股價快速地衝擊漲停板。但這筆大買單的目的顯然並不是拉升股價，股價隨後瞬間被大量的賣單砸下。隨後，分時線在盤中漲幅較小的位置區開始趨穩，這使日 K 線圖中出現了長上影線。

這種開盤後的閃擊漲停板形態，很明顯是由大額資金異動而形成的，它往往是主力資金將有所行動的訊號。在實盤操作中，當個股出現了這種分時圖形態時，我們可以結合兩個要素來分析。

一是，看股價的全天走勢是否呈持續滑落狀。如果股價在早盤閃擊漲停板後，其隨後在盤中的走勢持續滑落，甚至還出現了跳水，那麼這大多是主力短期內有意出貨的表現。主力透過開盤時的閃擊漲停板，讓投資人認為隨後股價還會再度上漲至漲停板附近的價位，也可以大大降低那些喜歡「逢高出場」的持股者賣股意願，而主力則可借機出貨；如果股價在早盤閃擊漲停板後，其走勢較為穩健、可以穩穩地運行於均價線上方，那麼這種走勢就極大地限制了主力的出貨行為。

二是，看個股的局部價格走勢情況。如果這種分時圖形態，出現在一波快速上漲後的階段性高點，那麼它大多是價格將反轉下行的訊號；如果出現在短期大幅下跌後的低點時，那麼它更有可能是主力拉升前的一次向上試盤行為。相對而言，這種分時圖形態更常見於一波上漲走勢後的高點。

當這種分時圖形態出現在一波快速上漲後的階段性高點時，表示主力在短期內有著較強的出貨意願，往往預示著短期內將有快速下跌行情出現，是應及時賣股離場的訊號。

圖 7-21 中可以看到，當日該股價格在早盤開盤後向上閃擊漲停板。我們可以看

到，股價上衝漲停板的速度是極快的，隨後再度跌回的速度也是極快的，因此我們稱之為閃擊漲停板形態。如圖 7-22 的日 K 線走勢圖中可以看到，當日股價正處於一波快速上漲走勢後的階段性高點，且股價在當日震盪下行，因此這種閃擊漲停板形態，可以看作是主力短期內出貨意願較強烈的訊號。

在實盤操作中，我們應及時賣股離場，以迴避風險。圖 7-22 為西部資源 2019 年

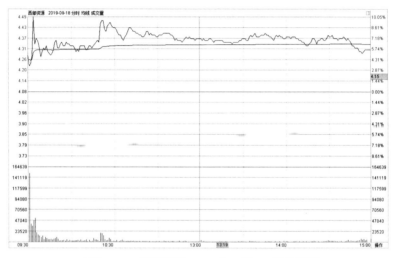

▲圖 7-21　西部資源 2019 年 9 月 18 日分時圖

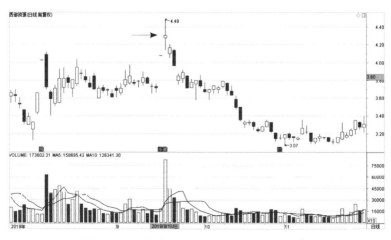

▲圖 7-22　西部資源 2019 年 8 月至 11 月走勢圖

8 至 11 月走勢圖，箭頭所指處為 2019 年 9 月 18 日。

　　以下我們再舉另一個案例。當這種分時圖形態出現在緩緩攀升的走勢中時，說明個股價格短期內或許會有寬幅震盪走勢出現，而當日的盤中最高點，也很有可能是隨後一段時間的區域高點。但由於股價的階段性上漲速度較為緩慢，因此，股價在短期內出現大幅下跌的可能性不大。在實盤操作中，我們可以在之後數個交易日內逢高賣股。

　　圖 7-23 中可以看到，當日該股在早盤開盤後出現了閃擊漲停板的形態，隨後，股價持續滑落。如圖所示，當日股價正處於緩緩攀升走勢中，這一形態的出現說明股價中短期內的上漲走勢不容樂觀。在實盤操作中，我們應在隨後的交易日中逢高賣股。圖 7-24 為中國船舶 2019 年 4 月至 7 月走勢圖，箭頭所指處為 2019 年 6 月 14 日。

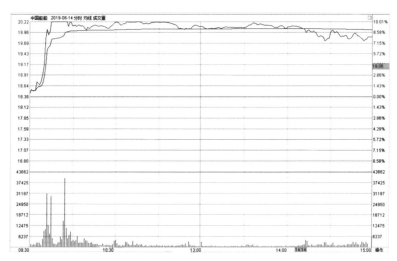

▲圖 7-23　中國船舶 2019 年 6 月 14 日分時圖

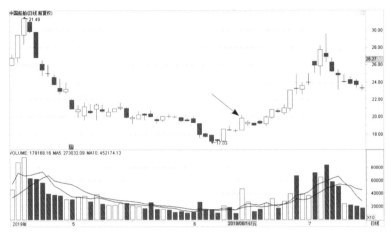

▲圖 7-24　中國船舶 2019 年 4 月至 7 月走勢圖

7.17

凹形板形態是籌碼加速換手的標誌

　　開盤漲停板、中盤打開的「凹形板形態」，是指股價在早盤開盤後的幾分鐘內就快速漲停板（或者是個股直接以漲停板的方式開盤）。但隨後不久，漲停板就被打開，但股價並未大幅下跌，成交量集中於漲幅為 7% 左右的位置區，直至尾盤半小時左右，股價才在大買單的掃盤下再度漲停板並直至收盤。這種漲停分時圖形態似凹形，故稱之為「凹形板」。

　　凹形板往往出現在盤整後的突破位置區，是籌碼加速換手的標誌。但籌碼究竟是

從主力手中流入散戶手中，還是從散戶手中流入主力手中呢？我們可以結合個股的前期走勢，及凹形板出現之後的走勢情況來分析。

當股價在上升途中的盤整突破位置出現了這種凹形板時，若此時的股價累計漲幅不大，股價沒有在凹形板之後就快速地反轉下行，而是呈現出長時間的止穩盤整走勢，則這多代表凹形板形態出現後，市場的賣壓並未明顯增強、籌碼仍被主力牢牢地掌握在手中。

因此，前期盤整突破位置處的凹形板，極有可能是由主力的一次快速進貨所引起的。在此情況下，我們應在凹形板之後的止穩走勢中，逢回檔低點買股入場，才能獲利於個股隨後極有可能出現的快速上漲行情。

圖 7-25 中可以看到，當日該股價格在 10：30 左右快速漲停板，但漲停板時間相對較短。隨後，股價在盤中漲幅為 3.5% 左右的位置區持續地橫向運行（ST 股漲停幅度為 5%），直至收盤前半小時左右，才再度強勢漲停板。當日該股的這一分時圖形態，屬於典型的凹形板形態。

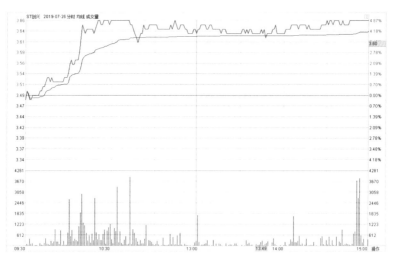

▲圖 7-25　ST 創興 2019 年 7 月 26 日分時圖

從日 K 線走勢圖中可以看到，如圖 7-25 所示，當日股價正處於上升途中的盤整突破位置區。此分時圖形態一般來說，並不是主力短期內強勢拉升股價的訊號，在實盤操作中，我們不妨多觀察一段時間再做決定。

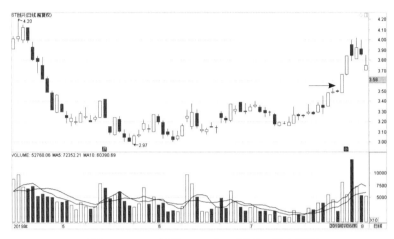

▲圖 7-26　ST 創興 2019 年 4 月至 8 月走勢圖

　　該股在 2019 年 7 月 26 日之後，於突破後的位置區再度漲停，這表示 2019 年 7 月 26 日的籌碼大幅換手，並非因為主力資金出貨，既然主力在當日沒有出貨，那麼主力就極有可能是買家。圖 7-26 為 ST 創興 2019 年 4 月至 8 月走勢圖，箭頭所指處為 2019 年 7 月 26 日。

　　在高位區的盤整震盪走勢之後，若個股於盤整突破位置處出現了這種凹形板，並且在凹形板之後，還出現了典型的看跌組合形態或快速回落走勢，則此凹形板多代表主力的出貨行為，是風險的預示，而非機會的象徵。

　　圖 7-27 中可以看到，當日該股的盤面分時圖呈現出了凹形板形態，且當日量能大幅放出，這可能是主力手中籌碼流入市場的訊號，也可能是散戶手中籌碼流入主力手中的訊號，我們可以透過觀察個股隨後的走勢情況來判斷。

　　一般來說，如果籌碼是由散戶手中流入主力手中，那麼主力為了保障建倉成本的安全性，大多會全力護盤，不讓股價出現大幅下跌；如果籌碼是由主力手中流入散戶手中，那麼主力隨後仍舊會強力出貨，股價也大多會出現快速的下跌走勢。

　　可以看到 2019 年 4 月 8 日之後，股價在高位區開低走低，收出長陰線，這是一種典型的看跌組合形態。隨後，股價快速下滑，主力無護盤意願。因此，在實盤操作中，我們是不可以追漲買入的。圖 7-28 為滄州大化 2019 年 2 月至 12 月走勢圖，箭頭所指處為 2019 年 4 月 8 日。

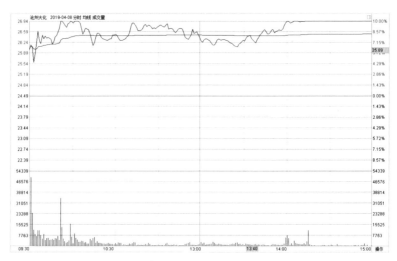

▲圖 7-27　滄州大化 2019 年 4 月 8 日分時圖

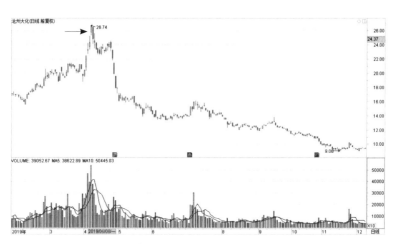

▲圖 7-28　滄州大化 2019 年 2 月至 12 月走勢圖

7.18

10 點前強勢的漲停板，
是典型的看漲形態

　　上午 10 點前衝高不回落的漲停形態，是指股價在早盤開盤之後大幅上漲，一般來說，其漲幅會超過 7%，並且在當日大漲之後的高位區強勢運行，且未出現明顯的回落；隨後，股價會在 10 點前於這一高位區再度上漲，並且牢牢地鎖住漲停板。

　　早盤開盤之後股價就大幅上漲，這說明有主力在積極地推升股價，隨後，股價可以在大漲後的盤中高點位置區強勢運行而不明顯回檔，這說明主力參與能力強、市場獲利賣壓輕。10 點之前就強勢漲停板，說明個股的漲停板時間早，這也是主力做多意願堅決的一種表現。因此，這種漲停分時圖形態是一種典型的看漲形態，在實盤操作中，若個股之前的 K 線走勢較為配合，則我們不妨進行短線追漲操作。

　　由圖 7-29 中可以看到，當日股價在早盤開盤後快速上漲且漲幅較大；隨後，股價在大漲後的高位區強勢運行，且沒有出現明顯的下跌；在 10 點前，股價再度因強勁的大買單鎖住漲停板。這種形態就是 10 點前衝高不回落下的漲停形態，它是主力資金強勢做多的標誌，也是股價進入加速上漲階段的訊號。如圖 7-30 所示，股價在 2019 年 8 月 20 日之前，處於穩健的攀升走勢中，累計漲幅不大。

　　但 2019 年 8 月 20 日的漲停板不僅創出了新高，還使股價上漲呈加速狀，因此，在實盤操作中，我們應積極地追漲買股。圖 7-30 為 *ST 山水的走勢圖，箭頭所指處為 2019 年 8 月 20 日。

　　圖 7-31 中可以看到，當日該股在盤中也出現了這種 10 點前衝高不回落的漲停形態，結合該股之前的日 K 線走勢（當日股價正處於長期盤整後的突破位置處），我們可以認為這是主力資金對股價展開強勢拉升的訊號。在實盤操作中，我們應在第一時間追漲買股，以享受主力的拉升成果。圖 7-32 為 *ST 椰島的走勢圖，箭頭所指處為 2019 年 6 月 19 日。

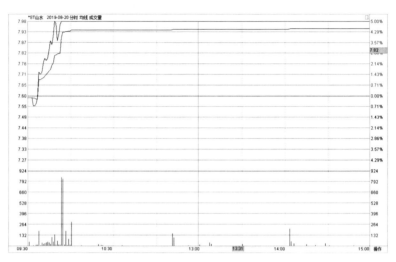

▲圖 7-29　＊ST 山水 2019 年 8 月 20 日分時圖

▲圖 7-30　＊ST 山水 2019 年 6 月至 9 月走勢圖

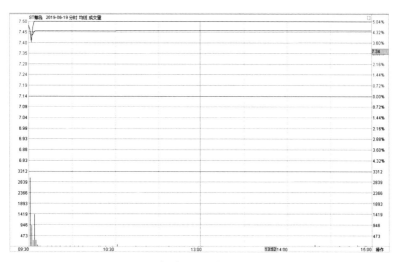

▲圖 7-31　ST 椰島 2019 年 6 月 19 日分時圖

▲圖 7-32　ST 椰島 2019 年 5 月至 8 月走勢圖

7.19

早盤大漲後、午盤前後的直線漲停形態

早盤大漲後、午盤前後的直線漲停形態是指，股價在早盤階段大幅上漲，並且呈現出了明顯的強勢運行特徵。隨後，在午盤前後，股價再度自均價線附近快速啟動，出現了一波直線上漲收漲停板，並且牢牢鎖住漲停板至收盤。與 7.18 節所介紹的「10 點前衝高不回落的漲停」形態相比，這是一種主力資金參與跡象更為明顯、股價上漲也更為強勢的分時圖形態。

它一般意味著主力判斷出大盤走勢較好，且主力有較強的拉升股價的意願，是個股強勢上漲行情出現的訊號。

在 7-33 的分時圖中可以看到，當日股價在早盤階段大漲，且分時圖呈現了典型的強勢運行特徵（例如：分時線穩健運行於均價線上方、股價上漲幅度較大、量價配合關係理想等），這說明有主力資金在積極買賣該股。

當日股價正好處於上升途中的盤整走勢之後的突破位置點，因此，我們應留意股價盤中隨後的走勢，一旦股價在盤中有再度強勢啟動並鎖住漲停板的傾向時，我們就應及時追漲買入。因為結合該股前期的日 K 線走勢和早盤階段的表現來看，一旦該股於當日出現強勢漲停板形態，就是該股將出現上漲行情的訊號。

隨後，股價在午盤之前出現了直線式的上漲，並牢牢鎖住了漲停板，這是股價啟動的訊號，也是主力開始強勢拉升股價的訊號。圖 7-34 為中昌數據的走勢圖，箭頭所指處為 2019 年 8 月 27 日。

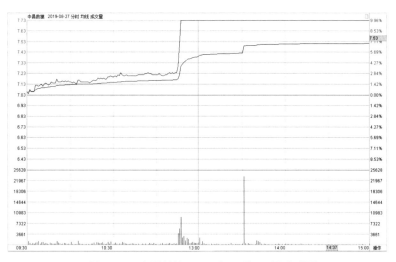

▲圖 7-33　中昌數據 2019 年 8 月 27 日分時圖

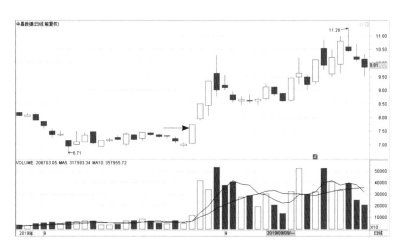

▲圖 7-34　中昌數據 2019 年 7 月至 9 月走勢圖

7.20 早盤15分鐘內快速上漲的二次漲停板

追漲是最為重要的一種操作漲停板的方式，**一般來說，個股的封板時間越早、漲停板鎖得越牢固，代表主力當日的拉升意願就越堅決**，是股價中短期內上漲潛力更大、上漲勢頭更淩厲的標誌。但若股價只以一波快速上漲就牢牢封住了漲停板，則參與搶漲停板的操作難度較大，投資人應該對個股的整體走勢有一個清晰的判斷，並冷靜觀察個股當日的盤中表現。

當投資人以漲停板價位搶到籌碼後，股價很可能無力強勢鎖住漲停板，因為這種上衝漲停板的走勢，其根基有可能不是很牢固，很可能存在快速轉向的風險。

早盤 15 分鐘內快速上漲的二次漲停板形態，是一種很好的漲停板形態，它是指股價在早盤開盤後便快速地大幅度上漲，並向上衝擊漲停板，但是股價並沒有在第一次衝擊漲停板後就強勢鎖住漲停板，而是在漲停板價位附近略做整理（分時線站於均價線上方）。隨後，股價在第二次衝擊漲停板時強勢鎖住漲停板，直至收盤。一般來說，對於股價第二次能否強勢鎖住漲停板，我們是比較容易判斷的，可以結合個股之前的 K 線走勢形態、當日是否有利多消息等因素來分析，如果個股有這些因素的配合，則第二次漲停板走勢的出現多是主力做多意願的真實體現。

再舉一個案例，圖 7-35 中可以看到，當日股價在早盤高開後快速衝擊漲停板，但是第一次並沒有牢牢鎖住，而是在第二次鎖住漲停板時才強勢封牢，這給了我們一定的思考時間決定是否參與追漲買股操作。

結合該股前期的突破走勢，及當時市場中熱度較高的環保類題材，我們可以較為準確地判斷：當日的分時圖形態，是主力資金開始參與該股並有強勢拉升意願的表現。因此，在實盤操作中，我們可以在股價即將第二次鎖住漲停板時，快速地以漲停板價位掛單買入，進行搶漲停板的操作。

　　圖 7-36 中我們可以看到，箭頭所指處為 2019 年 8 月 19 日，該股在隨後 2019 年 8 月 21 日、22 日又出現了強勢的漲停。因此，在 2019 年 8 月 19 日所出現的這種早盤 15 分鐘內快速上漲的二次漲停板形態，是主力資金短期內強勢拉升股價的可靠訊號。

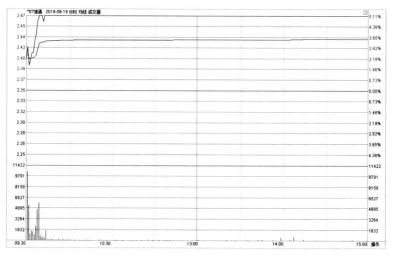

▲圖 7-35　*ST 信通 2019 年 8 月 19 日分時圖

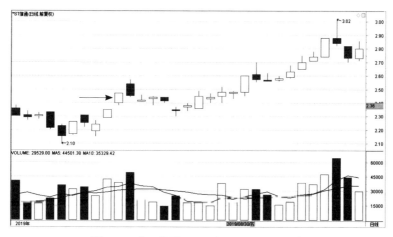

▲圖 7-36　*ST 信通 2019 年 8 月至 9 月走勢圖

第**8**章

一出手賺3倍！
13支黑馬股實戰案例

8.1

進貨後極度縮量整理
(電信類股)

　　黑馬股是指可以在中短期內價格快速上漲且漲幅驚人的個股，成功地買入並持有這類股票，也是股市的魅力所在。但想要成功地捕捉到黑馬股並不是一件容易的事，需要有較豐富的看盤經驗，並掌握一定的技巧。

　　基於量價形態來說，捕捉黑馬股更需善於分析，從量價形態的變化來分析主力的市場行為，進而及時買股入場。在本章中，我們仍以「量價」為核心，看看黑馬股是如何透過量價的變化，向我們發出訊號的。

　　進貨後極度縮量整理形態常出現在主力進貨之後、快速拉升之前，是一個相對短暫的過渡整理過程。該形態的構築過程如下：股價首先緩慢地震盪攀升，此時量能明顯放大，這是資金積極入場的標誌；隨後，股價小幅調整，呈橫向窄幅整理狀，在這期間的成交量明顯地大幅度萎縮（與之前股價震盪攀升時的量能相比）。

　　極度縮量整理平台的出現，標誌著主力進貨已經較為充分、主力參與能力得到了很大的提高，市場浮額很少。此時，在大盤止穩的背景下，主力隨時可以向上拉升股價，而且從中長線角度來看，這個縮量整理平台也是處在低位區的。可以說，無論中線還是短線，此形態都是一個很好的入場點。

實戰案例：中國聯通

　　圖 8-1 是中國聯通的走勢圖，股價的震盪攀升較為緩慢，但是量能充分放大，結合股價重心上移的走勢來看，有資金在積極入場。隨後，股價回檔進行平台式整理，此期間的成交量突然大幅度萎縮，這就是「進貨後極度縮量整理」形態，預示著該股有成為黑馬股的潛力，此時的縮量平台也是較佳的中短線入場點。

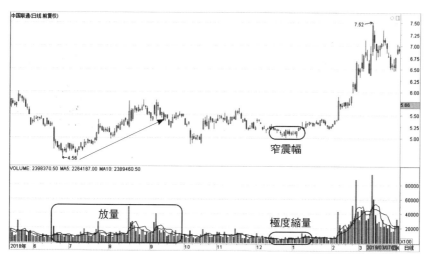

▲圖 8-1　中國聯通 2018 年 5 月至 2010 年 3 月走勢圖

8.2

盤整中的極度縮量（物流類股）

　　盤整（我們這裡主要指低位盤整區間）中的極度縮量形態，是指股價處於中短線大幅下跌後的低位震盪區間，震盪幅度不大約 10% 左右，在這期間的成交量相對平穩。但是，隨著震盪的持續，某幾個交易日的成交量突然大幅萎縮，遠小於之前的均量，呈現出極度縮小的形態。

　　極度縮量形態的出現，表示有主力參與且主力持股數量多。由於在這幾日的盤

中，主力沒有參與買賣，股價的波動幅度也不是很大，所以市場交投極為冷清，出現了極度縮量形態。

這是一個需要仔細觀察才能發現的量價特徵，極度縮量並不是個股被市場拋棄的結果，它只是主力高度參與下的產物。其實我們可以結合個股之前的運行情況來分析，一般來說，個股此前的運行都會有一定的獨立特徵，並不是隨波逐流的邊緣股。

實戰案例1：廈門象嶼

極度縮量表示大量的籌碼並沒有在市場上，而是在主力手中。如果此時的股價處於中長期的低位區，那麼這種市況預示著個股有望在主力的參與下成為黑馬股，是機會的象徵。

圖 8-2 為廈門象嶼的走勢圖，該股在低位區的震盪過程中，連續 4 天出現極度縮量形態，縮量效果十分明顯。一旦股價向上運行、突破這一整理區，就是主力開始拉升股價的標誌。在實盤操作中，對於這類股票我們可以積極買入，耐心持有並等待突破。

實戰案例2：浙江富潤

對於特立獨行的強勢股來說，主力參與其題材的時間往往較長。當股價經歷上漲而到達一個高位平台後，若在平台震盪過程中出現了極度縮量形態，表示主力仍舊持股較多。結合強勁的盤整走勢來看，主力的參與能力依舊很強，因此，個股有望迎來新一波上攻行情。在實盤操作中，我們可以適當短線參與。

但是，相對於低位盤整區的極度縮量形態來說，此時買入畢竟是追漲行為，且我們的買入成本要遠高於主力，本著資金安全的原則，輕倉參與才是上策。

圖 8-3 為浙江富潤的走勢圖，此股走勢十分強勁。在中短線已有明顯升幅的背景下，股價仍能夠強勢震盪，股價重心不回落，從盤面形態上來看，沒有主力出貨的跡象。如圖中的標注所示，一小波回檔後，出現了極度縮量整理，這表明主力參與能力依舊較強、市場浮額較少，該股出現新一波上攻行情的機率較大。在實盤操作中，在強者恆強的市場格局下，我們可以適當參與、獲取中短線收益。

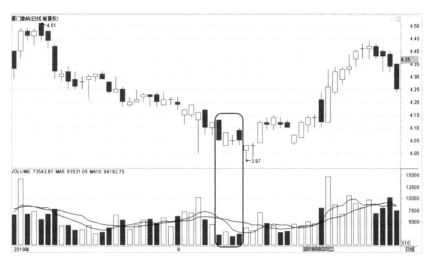

▲圖 8-2　廈門象嶼 2019 年 7 月至 9 月走勢圖

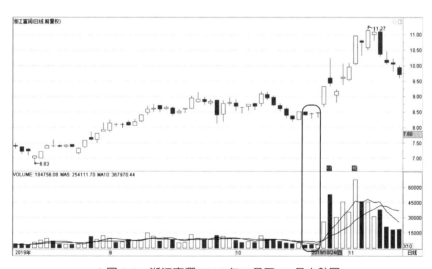

▲圖 8-3　浙江富潤 2019 年 8 月至 11 月走勢圖

8.3

獨立股回落啟動點縮量盤整（電子類股）

　　價格強勢上漲、脫離於大盤震盪格局的個股，其中一定有主力在積極參與。但若股價在中短線獨立上漲之後，恰逢大盤出現了系統性的回檔，且回檔幅度較大，股價往往也會因此而出現大幅度下跌，甚至回落至上漲波段的啟動點附近，而這也給了我們買入的機會。

　　在實盤操作中，可以借助於回落後的量價關係，來判斷主力是否在之前的高點位進行出貨，及主力在當前低點的參與能力如何、市場賣壓如何等等，來決定是否進行短線交易。

　　股價在回落至上漲波段的啟動點附近後，一觸即發的反彈上攻走勢較為少見，更多的是持續的橫向震盪。若股價在反覆震盪之後能夠伴有明顯的縮量，則表示隨著震盪的持續，主力的能力得到了提高，股價也有望在主力的積極參與下，再度強勢上攻，恢復之前的獨立運行態勢。

實戰案例1：激智科技

　　圖 8-4 為激智科技的走勢圖，圖中疊加了同期的創業板指，對比後可見，在大盤橫向滯漲時，該股價格獨立上揚、震盪攀升。隨後受大盤影響，股價再度回落至上漲波段的啟動點附近。此時的大盤走勢不穩，主力也沒有過於激烈的逆市拉升，而是讓股價隨大盤橫向整理。

　　隨著整理的持續，我們可以看到該股成交量大幅縮減，這是市場賣壓逐步減輕的標誌，也是主力參與能力仍舊較強的訊號。結合該股前期的獨立上攻行情，可以預測其價格隨後仍有望恢復上漲走勢。在實盤操作中，此時我們可以買股入場。

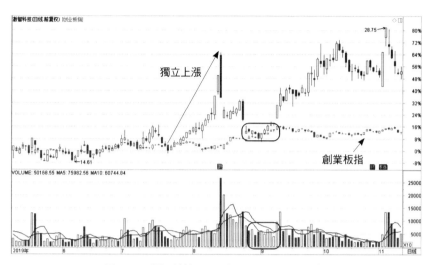

▲圖 8-4　激智科技 2019 年 5 月至 11 月走勢圖

實戰案例2：平治信息

圖 8-5 為平治信息的走勢圖，該股因主力參與，前期出現了連續快速上攻的價格走勢。股價隨後在高點停留的時間不長，受大盤影響出現了大幅調整，並跌至啟動點附近，主力沒有足夠的時間與空間出貨。

▲圖 8-5　平治信息 2019 年 1 月至 11 月走勢圖

在啟動點附近,該股因前期價格的強勢上漲已完全啟動了股性,其在上下震盪期間十分活躍,這是進行波段操作的好時機,隨著震盪的持續,成交量出現了較大幅度的萎縮。如圖中標注所示,在這個明顯縮量的整理時期之後,該股也迎來了較為強勁的反彈上攻行情。

8.4

震盪上行區間整體縮量（醫藥製造類股）

震盪上行區間整體縮量形態,是一種主力參與下的盤面形態,股價以震盪的方式向上運行。這個震盪區間可能出現在創新高的一波上漲中,也可能出現在大幅調整後的反彈波段中。雖然震盪期間的上下震盪幅度較大,但成交量卻較之前的均量明顯縮小。震盪上行時的整體式縮量形態,表示主力持股數量多、參與能力強。若此時的股價累計漲幅不大,後期仍有較為充裕的上行空間。在實盤操作中,我們可以逢股價震盪回檔低點時買入。

實戰案例：興齊眼藥

圖 8-6 為興齊眼藥的走勢圖,股價在短線大幅調整後開始震盪上行,震盪期間的量能大幅度縮減。結合該股此前較為獨立的攀升走勢來看,主力仍參與在其中,且持股數量多。對於該類有強主力參與的股票,我們應及時逢震盪回檔的短期低點買入,並耐心持有。

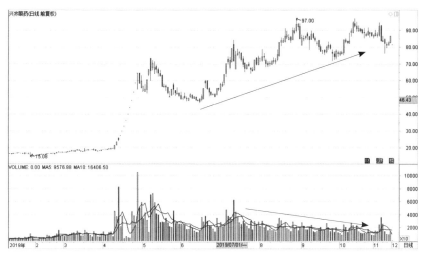

▲圖 8-6　興齊眼藥 2019 年 1 月至 12 月走勢圖

8.5

漲停突破點強勢放量整理
（電子類股）

　　漲停板，往往是主力強勢拉升股價的訊號，但也有一些漲停板如曇花一現，若我們貿然追漲，將承受較大風險。漲停突破點強勢放量整理形態，是我們用來捕捉黑馬股的一種量價形態，它是指股價先以一個漲停板突破盤整區間，並在漲停板當日伴有明顯放量，這是股價突破時多空分歧加劇的結果。隨後數日，股價未出現回落，而是在漲停當日的收盤價附近強勢整理，整理期間量能保持放大狀態。

　　漲停突破點是一個關鍵點，它是多空雙方爭奪的重要關口。強勢放量整理往往是主力進一步拉升前的加碼訊號。再結合股價之前處於低位盤整區間的狀態來看，一旦主力加碼完畢，則股價在主力的積極拉升下，出現快速、大幅上漲的機率極大。在實盤操作中，這個強勢放量整理平台，是中短線入場的好時機。

實戰案例：深科技

　　圖 8-7 為深科技的走勢圖，股價於 2020 年 1 月 3 日以漲停板的方式，突破了長期整理平台。如圖 8-8 的分時圖所示，此時，我們還難以判斷主力的後續行為，無法確定其是繼續拉升，還是逢高賣出。

　　由隨後幾日的強勢整理且量能放大的情況來看，有資金在漲停價附近大力參與。在實盤操作中，這個較為短暫的強勢整理平台就是買入時機。一旦股價隨後以長陽線的方式突破這個平台，則該股成為黑馬股的機率極大，而且股價此時的累計漲幅很小，我們追漲所承擔的風險不大。這種潛在收益高、中短線風險低的商品，是值得我們重點投資的標的。

▲圖 8-7　深科技 2019 年 11 月至 2020 年 2 月走勢圖

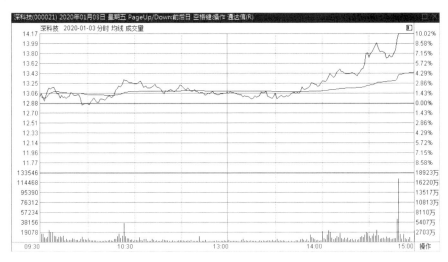

▲圖 8-8　深科技 2020 年 1 月 3 日分時圖

8.6

突破點連續加碼式放量
（能源類股）

　　突破點連續加碼式放量形態，是中線主力快速建倉、加碼時的一種盤面形態。從日 K 線圖來看，股價先是在低位區長期整理，波動幅度較小，主力進貨較為緩慢，受大盤或行業回暖等因素影響，主力看到了拉升時機，但手中籌碼數量不多。

　　此時股價仍處於低位區，主力採取快速拉升、突破平台區的方法進行短線加碼，連續幾日（一般來說至少 3 日）的長陽線伴以放量，主力可以大量進貨，從而為隨後

的進一步拉升打好基礎。

　　在實盤操作中，我們還應觀察連續放量後的股價走勢，若股價能夠在短線高點強勢整理不回落，則說明主力中短線做多意願較強，不願讓股價再度回落至持有成本區。此時，也應順著主力的思路，短線追漲入場。若出現放量長陰線，則表示主力參與能力仍不強，我們在中短線操作上不宜追漲，應等短線回檔較為充分時，再選擇買入。

實戰案例：華能水電

　　圖 8-9 為華能水電的走勢圖，股價在突破時，連續 3 日放量並伴以中陽線，這是主力加碼買入、進行拉升的訊號。隨後的強勢整理和縮量向我們表明：市場賣壓較輕、主力無出貨行為。結合股價中短線漲幅較小的情況來看，股價在主力的積極參與下，有望進一步震盪走高。在實盤操作中，我們在這個縮量整理平台可以進行買入操作，並且耐心持有，等待股價上漲。

▲圖 8-9　華能水電 2019 年 5 月至 8 月走勢圖

8.7

N 字形放量漲停
(造紙印刷類股)

　　N 字形放量漲停形態，是指個股前後出現了兩個漲停板，中間數日為回檔走勢，兩個漲停板當日均明顯放量，中間數日則相對縮量。這是一種較為獨特的漲停形態，其出現大多與主力積極參與有關。

　　放量漲停的兩個交易日，是主力快速進貨的表現，中間的縮量回檔，則是整理不穩定獲利浮額的一種方式。綜合大量案例的分析結果來看，這類股票隨後成為黑馬股的機率較大。

　　在實盤操作中，當 N 字形放量漲停形成後，我們不必急著追漲入場，因為這樣很有可能短線被套。可以等股價短線小幅回落、追漲風險釋放後，再擇機買入。無論是長線還是短線，這都是投資的好時機。

實戰案例：銀鴿投資

　　圖 8-10 為銀鴿投資的走勢圖，在股價突破低位窄幅整理區時，出現了 N 字形放量漲停形態，這是主力積極參與該股的明確訊號。如圖 8-10 所示，對於隨後股價短線回落後的投資時機，投資人應多加把握。

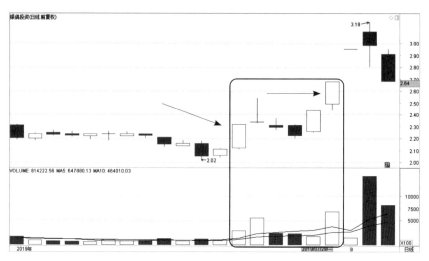

▲圖 8-10　銀鴿投資 2019 年 7 月至 8 月走勢圖

8.8

跳空漲停板放量平台（文化傳媒類股）

　　跳空漲停板放量平台形態，是個股在利多消息的刺激下，主力快速建倉時所採取的一種方式。利多消息促使股價以跳空漲停板的方式，突破了平台區間，從而激發多空分歧。

　　此時主力手中的籌碼不足，主力沒有選擇繼續拉升，而是讓股價在漲停價附近進行橫向整理。由於全盤獲利，且市場在對利多消息的解讀上存在分歧，主力可以積極

地加碼、進貨。股價在走勢上呈橫向的強勢震盪整理，期間量能放大，一旦主力加碼完畢，就會進行新一輪的拉升操作。

從個股案例來看，在業績驅動型、資產注入型這兩種利多消息的刺激下，最有可能出現此類形態。特別是在利多消息較為突然、主力前期進貨不充分的情形下，一旦個股出現類似的形態，我們不妨在漲停平台區積極投資，等待新的上攻走勢出現。

實戰案例：長城動漫

圖 8-11 為長城動漫的走勢圖，受雲端遊戲概念的刺激，市場的熱情被引燃，當日的跳空漲停板突破了前期震盪平台。

但一個漲停板顯然不能釋放如此明顯的利多消息，股價走勢反映的是未來，主力深悉這一要旨，並在漲停板平台處進行了大力度的加碼，股價走勢呈強勢震盪不回落狀。它也為該股隨後成為黑馬股埋下了伏筆，若我們暸解市場主力常用的這種加碼手法、拉升方式，就可以在這個漲停板平台區與主力同時操作，隨後耐心持有，享受主力的拉升成果。

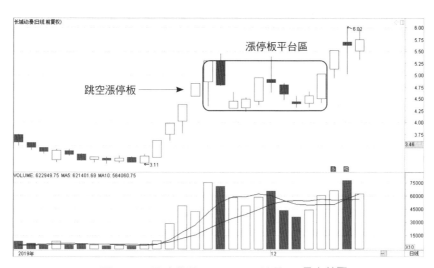

▲圖 8-11　長城動漫 2019 年 11 月至 12 月走勢圖

8.9

不放量收復前期跌停區
（汽車類股）

個股雖然發佈了利多消息（往往是資產注入、股權轉讓等較為重大的利多消息），但是因停牌時間長、停牌期間股市下跌空間大，往往會在復牌時被市場忽略其利多消息，從而出現跌停板補跌價格走勢。

這種走勢往往也會使得主力資金備受煎熬。隨著股市的回暖，利多消息逐漸釋放，若主力資金未在低位斬倉出局，則股價收復失地進而再創新高的機率還是較大的。

在實盤中，若股價能夠以不放量的方式，自跌停後的低點開始震盪上揚、收復失地，則說明主力持股數量較多，未在低位區出貨。隨後這類股票在市場回暖的背景下，有望在主力的參與下價格大幅上漲，並獲得釋放利多消息所帶來的上漲效應。

實戰案例：*ST安凱

圖 8-12 為 *ST 安凱的走勢圖，該股出現了連續跌停板的價格走勢，但從整個日 K 線圖來看，股價此前穩健震盪上揚、走勢獨立，主力參與跡象明顯。因此，在連續跌停補跌之後，我們應密切關注主力的市場行為。

如圖 8-12 中的標注所示，股價在震盪回升、收復跌停板失地時，伴有明顯的縮量，這表示主力仍在積極參與且持股數量較多。在實盤操作中，我們可以跟隨主力適當參與。但是，對於這類業績不明確、受消息面影響較大的股票，我們應控制好持有比例，以保護資金的安全。

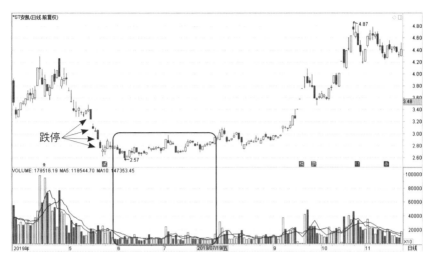

▲圖 8-12　*ST 安凱 2019 年 4 月至 11 月走勢圖

8.10

啟動前的逆市放量震盪平台（紡織服裝類股）

　　啟動前的逆市放量震盪平台形態，是指股價在突破啟動過程中，受到大盤系統性下跌的影響。在突破位置點，上下寬幅震盪、伴有量能放出，震盪期間伴有漲停板出現。

　　這種盤面形態是個股獨立性較強的標誌，強勢的放量震盪平台區是主力在其中積極拉升、但遇到市場賣壓的標誌，主力也因大盤的回落而使得自己持股數量增多、持

有成本升高。在這種形態中，震盪平台區的放量一定要很充分，量能要遠大於前期均量，只有這種量能效果，才能顯示出主力的強力加碼行為。如此一來，一旦大盤止穩，主力為了資金安全，多會強勢拉升，從而使得股價快速脫離其成本區域。而這個放量震盪平台區也就是我們買入的好時機。

實戰案例：*ST中絨

圖 8-13 為 *ST 中絨的走勢圖，圖中疊加了同期的深證成指。如圖中的標注所示，在股價以漲停板的方式突破平台區時，因大盤回落，股價加速突破未成功，期間成交量大幅放出，股價上下震盪，這是主力強力加碼行為的表現。隨後大盤止穩時，主力多會選擇繼續拉升。在實盤操作中，此震盪平台區就是我們逢回檔低點買入的好時機。

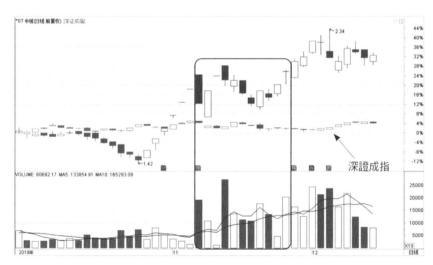

▲圖 8-13　*ST 中絨 2019 年 10 月至 12 月走勢圖

8.11

漲停震盪平台溫和放量區（航空類股）

在大幅下跌後的低點或當股價突破低點平台時，先是出現了一個漲停板，隨後股價以這個漲停板價位作為支撐，持續橫向震盪。在震盪過程中，股價上下波動較為明顯，成交量溫和放大，整個震盪區的持續時間較長。

這種量價形態可以被視作主力資金緩慢進貨的市場行為。一個漲停板引發了市場分歧，在隨後的震盪走勢中，股價重心緩緩上移，表示買盤資金入場積極，一旦主力完成進貨，股價就會加速脫離這個震盪區，打開上升空間。

實戰案例：海特高新

圖 8-14 為海特高新的走勢圖，股價在中短線大幅下跌之後，開始止穩。先是以一個漲停板進行拉升，引發多空分歧，隨後的溫和式放量震盪走勢，則是主力入場進貨的表現。在實盤操作中，在識別出這種盤面形態後，我們可以在股價震盪回落的時候買入，既可以避免短線被套，又可以耐心等主力拉升、股價突破上行。

▲圖 8-14　海特高新 2018 年 11 月至 2019 年 4 月走勢圖

8.12

弱勢漲停板小量突破
低位震盪區
（醫藥製造類股）

　　弱勢型的漲停板是指，股價在漲停板附近反覆震盪並沒有牢牢鎖住。在這個盤中高點、接近漲停板的位置點，多空換手頻繁，至尾盤階段，股價才以漲停板收盤。

　　當股價以弱勢型的漲停板向上突破低位震盪區時，由於獲利浮額較多，且股價長時間不鎖住漲停板，因此勢必會加強投資人的拋售意願，從而出現較大幅度的放量。

　　但若股價以這種漲停方式突破時，量能僅是小幅度放出，略高於前期的均量水

準，則表示已有主力參與其中，市場浮額不多、獲利賣壓輕。結合股價剛剛突破低位震盪區、上升空間已完全打開的情形來看，個股有望成為中短線翻倍黑馬股，在實盤操作中，我們應在第一時間追漲買入。

實戰案例：達安基因

圖 8-15 為達安基因的走勢圖，股價的中線跌幅較大，短期內處於低位震盪區間。股價於 2019 年 8 月 19 日以漲停板突破低位震盪區，這是一個溫和放量型的弱勢漲停板，如圖 8-16 所示。

綜合股價走勢來看，主力此時已有一定的參與能力，股價突破時沒有引發較大賣壓，短線上攻才剛剛展開，股價馬上出現回檔的機率不大。在實盤操作中，我們應順應股價的這種突破走勢，在第一時間追漲買入。

▲圖 8-15　達安基因 2019 年 7 月至 10 月走勢圖

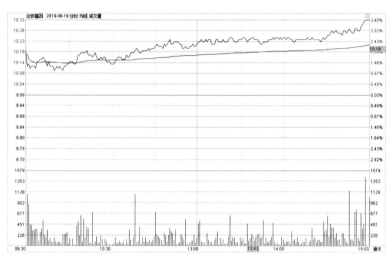

▲圖 8-16 達安基因 2019 年 8 月 19 日分時圖

8.13

 **平量式突破震盪區**
（機械類股）

　　平量式突破震盪區形態，是指股價在低位區出現了持續一段時間的橫向震盪走勢，隨後股價開始向上突破，在突破過程中，成交量未見明顯放大，與之前震盪時的均量水準相當，這就是所謂的「平量」。

　　平量式突破可以被看作是主力持股數量較多、參與能力較強的標誌。由於股價剛剛突破低位震盪區，在強勢主力的積極參與下，股價隨後的上升空間值得期待，個股

有成為翻倍黑馬股的潛質。在實盤操作中，我們可以在股價平量突破後的第一時間追漲買入；也可以再觀察一段時間，等股價短線出現回檔時，再擇機買入。

實戰案例：威海廣泰

　　圖 8-17 為威海廣泰的走勢圖，股價在突破低位震盪區時，呈「平量」狀態，這是主力持股數量多的標誌。若出現了一波上揚持續時間較長但漲速緩慢，在短線高點有連續長陰線回檔的走勢，則此時的短線回檔點就是我們買入的好時機。

▲圖 8-17　威海廣泰 2019 年 4 月至 8 月走勢圖

NOTE

NOTE

國家圖書館出版品預行編目（CIP）資料

用 3 小時學會量價操作法 讓我股票賺 3 倍：200 張 K 線圖看透主力和法人，在低價買進的軌跡！
／楊金著. -- 新北市：大樂文化有限公司，2021.10
256面；17×23 公分
ISBN　978-986-5564-53-7（平裝）

1. 股票投資　2. 投資技術　3. 投資分析

563.53　　　　　　　　　　　　　　　　　　　　　110015654

用 3 小時學會量價操作法 讓我股票賺 3 倍
200 張 K 線圖看透主力和法人，在低價買進的軌跡！

作　　者／楊　金
封面設計／蕭壽佳
內頁排版／江慧雯
責任編輯／林育如
主　　編／皮海屏
發行專員／呂妍蓁、鄭羽希
財務經理／陳碧蘭
發行經理／高世權、呂和儒
總編輯、總經理／蔡連壽
出 版 者／大樂文化有限公司（優渥誌）
　　　　　　地址：220 新北市板橋區文化路一段 268 號 18 樓之一
　　　　　　電話：（02）2258-3656
　　　　　　傳真：（02）2258-3660
詢問購書相關資訊請洽：2258-3656
郵政劃撥帳號／50211045　戶名／大樂文化有限公司

香港發行／豐達出版發行有限公司
地址：香港柴灣永泰道 70 號柴灣工業城 2 期 1805 室
電話：852-2172 6513　傳真：852-2172 4355

法律顧問／第一國際法律事務所余淑杏律師
印　　刷／韋懋實業有限公司

出版日期／2021 年 10 月 28 日
定　　價／350 元（缺頁或損毀的書，請寄回更換）
I S B N　978-986-5564-53-7

優渥叢書

優渥叢書

優渥叢書